Aktuelle und klassische Sozial- und Kulturwissenschaftler|innen

Herausgegeben von
S. Moebius, Graz, Österreich

Die von Stephan Moebius herausgegebene Reihe zu Kultur- und Sozialwissen-schaftlerInnen der Gegenwart ist für all jene verfasst, die sich über gegenwärtig diskutierte und herausragende Autorinnen und Autoren auf den Gebieten der Kultur- und Sozialwissenschaften kompetent informieren möchten. Die einzelnen Bände dienen der Einführung und besseren Orientierung in das aktuelle, sich rasch wandelnde und immer unübersichtlicher werdende Feld der Kultur- und Sozialwissenschaften. Verständlich geschrieben, übersichtlich gestaltet – für Leserinnen und Leser, die auf dem neusten Stand bleiben möchten.

Herausgegeben von
Stephan Moebius, Graz, Österreich

Weitere Bände in dieser Reihe http://www.springer.com/series/12187

Olaf Kühne

Zur Aktualität von Ralf Dahrendorf

Einführung in sein Werk

 Springer VS

Olaf Kühne
Geographisches Institut
Eberhard Karls Universität Tübingen
Tübingen, Deutschland

Aktuelle und klassische Sozial- und Kulturwissenschaftler|innen
ISBN 978-3-658-17925-0   ISBN 978-3-658-17926-7   (eBook)
DOI 10.1007/978-3-658-17926-7

Die Deutsche Nationalbibliothek verzeichnet diese Publikation in der Deutschen National-
bibliografie; detaillierte bibliografische Daten sind im Internet über http://dnb.d-nb.de abrufbar.

Springer VS
© Springer Fachmedien Wiesbaden GmbH 2017

Lektorat: Cori Antonia Mackrodt
Coverbild: Eberhard Karls Universität Tübingen

Gedruckt auf säurefreiem und chlorfrei gebleichtem Papier

Springer VS ist Teil von Springer Nature
Die eingetragene Gesellschaft ist Springer Fachmedien Wiesbaden GmbH
Die Anschrift der Gesellschaft ist: Abraham-Lincoln-Str. 46, 65189 Wiesbaden, Germany

Vorwort

Das zentrale Thema bei Ralf Dahrendorf war das Thema Freiheit, ob in Form ihrer individuellen Erhaltung gegen die Rollenerwartungen der Gesellschaft, ob in der Frage, wie Konflikte die Entwicklung der Gesellschaft vorantreiben können, ohne in Revolutionen gipfeln zu müssen, oder auch wie die liberale Demokratie sich gegen die Übergriffe der Bürokratie verteidigen könne. Fragen, die an Aktualität in den letzten Jahren nicht an Aktualität verloren, denn eher gewonnen haben. Insbesondere im Zuge des heute ausgerufenen ‚Kampfes gegen den Terrorismus' zur ‚Verteidigung des freiheitlichen Lebensstils' darf mit Dahrendorf die Frage gestellt werden, was denn noch von der zu verteidigenden Freiheit übrig bleibt, wenn ‚Sicherheit' zum zentralen Medium des Verhältnisses von Staat und Individuum wird.

Die Darlegung der zweifelsohne vorhandenen Aktualität von Ralf Dahrendorf für die gegenwärtige Sozialwissenschaft und darüber hinaus war eine wesentliche Motivation, dieses Buch zu verfassen. Eine andere Motivation erwuchs auch aus dem gewonnenen Eindruck eines zunehmenden paradigmatischen Hegemonialstrebens neomarxistischer Ansätze in der sozialwissenschaftlichen Raum-, insbesondere Stadtforschung, die mich als sich selbst dem Lebenschancen-Ansatz Dahrendorfs und einer pluralistischen Forschung verpflichtet fühlenden sozialwissenschaftlichen Raumwissenschaftler mit zunehmendem Unbehagen erfüllt. Die in den letzten zehn Jahren meiner wissenschaftlichen Arbeit verstärkt stattgefundene Befassung mit den Auswirkungen politischer Ideensysteme (unter vielen: Kühne 2011, 2015) hat mich dabei immer wieder und in verstärktem Maße zu Ralf Dahrendorf geführt, sodass es schließlich nahezu auf der Hand lag, seinem Werk ein eigenes Buch zu widmen und so wesentliche Aspekte seiner – in zahlreichen Publikationen dargelegten – Überlegungen für einen breiteren Leserkreis verfügbar zu machen.

Dieses Buch hätte nicht in dieser Form entstehen können, wenn ich nicht die Unterstützung von einigen Personen genossen hätte, wofür ich mich hier bedanken möchte: Erik Aschenbrand, Lisa-Marie Buchner, Karsten Berr, Corinna Jenal, Timo Sedelmeier und Florian Weber für die kritisch-konstruktiven Anmerkungen und der Korrektur der Rechtschreibung zum ersten Entwurf des Buches. Meinen wissenschaftlichen Hilfskräften Stefanie Horian und Tamara Schober danke ich dafür, dass sie dem Literaturverzeichnis die gebotene Einheitlichkeit eingehaucht haben.

Herrn Kollegen Moebius möchte dafür danken, dass er das Buch in seine Reihe aufgenommen hat, und Frau Mackrodt vom Verlag Springer VS für die langjährige und vertrauensvolle Zusammenarbeit, wie auch für viele Ideen für Themen und insbesondere deren innovative Umsetzung in Veröffentlichungen.

Widmen möchte ich dieses Buch meiner Gattin, Sibylle Berger, die einerseits meine häufige berufsbedingte Abwesenheit duldet, andererseits in vielen Gesprächen wesentlich dazu beiträgt, meine Gedanken zu fokussieren. Dies gilt in besonderer Weise für dieses Buch, da hier Fragen des Liberalismus stark präsent sind – Fragen, die ihre Interessen als Politikwissenschaftlerin in besonderer Weise tangieren.

Tübingen, Deutschland   Olaf Kühne

Inhaltsverzeichnis

Einleitung

1

Ralf Dahrendorf lässt sich als ein ‚Klassiker' der Soziologie bezeichnen. Insbesondere in den 1950er und 1960er Jahren hat er mit ‚Soziale Klassen und Klassenkonflikt in der industriellen Gesellschaft' (1957), ‚Homo Sociologicus' (1958), ‚Gesellschaft und Freiheit' (1961), ‚Gesellschaft und Demokratie in Deutschland' (1965c) Werke vorgelegt, die bis heute in der Rollentheorie und Konfliktforschung als wegweisend gelten und bis in die Gegenwart die wissenschaftliche Diskussion anregen (u. a. Mey 2000; Münch 2004; Lamla 2005; Kocka 2009; Matys und Brüsemeister 2012; Ackermann 2016). Daneben war er Publizist, Politiker, Berater wie auch Gründer und Leiter wissenschaftlicher Institutionen. Dabei waren alle seine Tätigkeiten von einem durchzogen: dem Glauben an die Kraft der Freiheit.

Die Dahrendorfsche Soziologie beruht insgesamt deutlich auf der Rezeption, Reflexion und Kritik zahlreicher Sozialwissenschaftler. Dies betrifft beispielsweise Herbert Spencer, Robert Merton und Erving Goffman, aber auch David Riesman sowie später auch Amartya Sen und kritisch Jürgen Habermas. Eine besondere Bedeutung für seine Soziologie haben jedoch insbesondere Max Weber und – in kritischer Auseinandersetzung – der Strukturfunktionalismus von Talcott Parsons sowie die Theorie von Karl Marx. Sein wissenschaftstheoretisches wie auch sein politisches Weltbild wurde stark von einer Person geprägt: Karl Popper. Von Popper schreibt Dahrendorf, dass er dessen Denken „mehr schulde als dem irgendeines anderen Autors" (Dahrendorf 1992, S. 183) und sich dieser Einfluss in seinem Verständnis der Produktivität sozialer Konflikte und insbesondere seinem liberalen Weltbild niederschlägt. Diese positive Einstellung zu Konflikten wie auch die/seine/eine kritische Haltung gegenüber dem Selbstverständlichen prägte sein Denken, weshalb ein wesentlicher Aspekt des Dahrendorfschen Verständnisses von Soziologe und Gesellschaft in einer ‚doppelten Unbequemlichkeit' liegt:

© Springer Fachmedien Wiesbaden GmbH 2017   1
O. Kühne, *Zur Aktualität von Ralf Dahrendorf,* Aktuelle
und klassische Sozial- und Kulturwissenschaftler|innen,
DOI 10.1007/978-3-658-17926-7_1

„Der Soziologe ist immer unbequem; aber das Leben in Gesellschaft ist auch immer unbequem für ihn" (Dahrendorf 1968, S. 94).

Ralf Dahrendorf zeichnete sich durch eine ausgeprägte Publikationstätigkeit aus: „Sie schlägt sich in einer beeindruckenden Vielzahl von Manuskripten zu Büchern, Reden und Vorträgen, Zeitungs- und Zeitschriftenartikeln und Interviews nieder" (Meifort 2015a, S. 303). Die besondere Herausforderung des Umgangs mit den Werken Ralf Dahrendorfs besteht neben ihrem Umfang auch – seiner bereits angesprochenen positiven Beurteilung von Konflikten und wissenschaftlichen Kritiken folgend – in der die Weiterentwicklung bereits veröffentlichter Texte und in ihrer erneuten Veröffentlichung in anderen Kontexten (z. B. in Sammelbänden). Diese Art des Publizierens impliziert eine gewisse ‚Versprengtheit' und Fragmentierung zentraler Gedanken der Soziologie, politischen Philosophie und Wissenschaftstheorie bei Ralf Dahrendorf. Es obliegt also dem Verfasser dieser Synopse, sein Werk in einer Einführung (neu) zu ordnen und Zusammenhänge herzustellen, die sich aus der großen Menge an Textmaterial auf den ersten Blick schwerlich erschließen. Eine Konzentration erfolgt dabei auf sein soziologisches und politikphilosophisches Werk sowie seine Stellungnahmen zum gesellschaftlichen Transformationsprozess in Ostmittel- und Osteuropa, die – wie genauer auszuführen sein wird – eine große Aktualität aufweisen. Ralf Dahrendorf war – wie auch sein Werdegang zeigt – zeitlebens ein Mensch, der sich aktiv in politische Prozesse einbrachte, freilich mit unterschiedlicher Intensität. Dies dokumentiert sich auch in seinen zahlreichen schriftlichen Bezugnahmen zu tagespolitischen Fragen. In diesem Buch werden diese Bezugnahmen dann aufgegriffen, wenn sie für das Verständnis der prinzipiellen Argumentationsmuster Dahrendorfs nötig sind.

Diese Einführung richtet sich insbesondere an Personen, die sich dem Denken Dahrendorfs (erstmals) annähern wollen. Hierzu wird weniger der Zugang über die getrennte Abhandlung der einzelnen (klassischen) Texte Dahrendorfs gewählt, vielmehr erfolgt die Annäherung thematisch gegliedert, d. h. auch über mehrere Jahrzehnte Dahrendorfscher Publikationstätigkeit hinweg unterliegen die einzelnen Themen einer darzustellenden Evolution. Infolge der großen ‚inneren Verflechtung' Dahrendorfscher Konzepte finden sich immer wieder Querbezüge, die der linearen Logik eines Buches zuwiderlaufen. Konkret hat das zur Folge, dass bisweilen auf Konzepte zurückgegriffen werden muss, die in einem anderen Kontext sinnvoller zu behandeln sind. Dieser Herausforderung wird in dem vorliegenden Band auf zweierlei Weise begegnet. Besonders zentrale Konzepte, wie etwa das der ‚Lebenswelt' werden kurz, dort, wo es der Kontext nahelegt, charakterisiert und an späterer Stelle ausführlicher behandelt. Bei anderen Konzepten erfolgt ein Verweis auf das Kapitel oder den Abschnitt, in dem sie eingehender behandelt werden.

Die Darstellung der Entwicklung der einzelnen Konzepte erfolgt dabei recht eng an den Texten von Ralf Dahrendorf, häufig verbunden mit wörtlichen Zitaten, um den Lesern auch einen Zugang zur Präzision in der Sprache Dahrendorfs zu eröffnen. Zur Erhöhung der Lesbarkeit des vorliegenden Textes wurden fremdsprachliche Zitate ins Deutsche übersetzt. Aus demselben Grund erfolgte eine Übertragung der Zitate in die neue Rechtschreibung sowie eine stillschweigende Korrektur von Rechtschreibfehlern. Den räumlichen Schwerpunkten der wissenschaftlichen Befassung von Ralf Dahrendorf wird in dieser Einführung nicht in gleichem Umfang Aufmerksamkeit zuteil. Im Folgenden werden seine Ausführungen über die Vereinigten Staaten und die Bundesrepublik Deutschland, wie auch zu Ostmittel- und Osteuropa in den Fokus gerückt. Die Darlegungen zu seiner zeitweisen Wahlheimat Großbritannien werden eher randlich behandelt, da sie doch stark durch die „Lobpreisungen des britischen Way of Life" (Meifort 2014b, S. 215) geprägt sind und bisweilen die – von ihm selbst häufig eingeforderte – kritische Distanz zum Gegenstand seiner Betrachtungen vermissen lassen.

Der vorliegende Band zur Aktualität von Ralf Dahrendorf behandelt zunächst die Biografie von Ralf Dahrendorf, die durch wissenschaftliche, wissenschaftspolitische und politische Tätigkeiten geprägt war (Kap. 2). Das daran anschließende Kap. 3 widmet sich dem wissenschaftstheoretischen Grundverständnis von Ralf Dahrendorf wie auch seinen Vorstellungen zur Konzeption und Praxis soziologischer Wissenschaft. In Kap. 4 wird ein Thema vorgestellt, das seine Veröffentlichungen von Beginn an (mit)prägte: die (produktive) Kraft gesellschaftlicher Konflikte. Wie weiter vorne ausgeführt, hat sich Dahrendorf intensiv mit der Demokratie und Gesellschaft in den Vereinigten Staaten wie auch in Deutschland befasst. Dies wird in Kap. 5 thematisiert. Kap. 6 befasst sich mit der Schnittstelle von Gesellschaft und Person: den gesellschaftlichen Normen und Rollen wie auch den Möglichkeiten der Erzwingung ihrer Einhaltung. Daran anschließend erfolgt insbesondere die Befassung mit den politisch-philosophischen Konsequenzen aus seiner Konflikt- und Rollentheorie sowie die Einführung in seine Darlegungen zum politischen Liberalismus (Kap. 7). In Kap. 8 werden seine Ausführungen zu den Lebenschancen, Anrechten und der Bürgergesellschaft fokussiert sowie ein Thema, in dem sich sein wissenschaftliches und politisches Denken wechselseitig stützen, dem Bürgerrecht auf Bildung. Kap. 9 setzt sich mit zwei Themen auseinander, die in den letzten beiden Jahrzehnten seines Lebens eine besondere Bedeutung erhielten: Die Umbrüche in Ostmittel- und Osteuropa und die Anfälligkeit der Intellektuellen für autoritäres bis totalitäres Gedankengut. In Kap. 10 werden in einem längeren Fazit die Wirkungen des Dahrendorfschen Werkes umrissen, daneben wird aber auch auf die Nicht-Wirkungen Dahrendorfs bei Autoren eingegangen, die auf ihn – infolge der Nähe ihrer Ausführungen zu seinem Werk – hätten Bezug nehmen können. Dabei wird auch die Aktualität von Ansätzen Dahrendorfs für die aktuelle sozialwissenschaftliche Forschung herausgestellt.

Biografie zwischen Theorie und Praxis 2

Ralf Dahrendorf war – wie bereits angedeutet – ein vielseitiger Mensch, er war – wie Kocka (2004, S. 151) feststellte – „Sozialwissenschaftler und als solcher Verfasser klassischer soziologischer Texte, politischer Intellektueller und intellektueller Politiker, Deutscher und Engländer, Gründer und Leiter wissenschaftlicher Institutionen, lebenslang Journalist, international begehrter Berater und Redner, vielfach geehrt". Seiner Vielseitigkeit entsprechend und seinem Wunsch, gesellschaftlich wirksam zu werden, war der Rückzug in den „universitären Elfenbeinturm abstrakter Gelehrsamkeit" (Micus 2009, S. 32) für ihn keine Option, „stattdessen betonte er die moralisch-politische Verpflichtung seines Fachs und verband in seinen Büchern die wissenschaftliche Analyse mit dem politischen Plädoyer" (Micus 2009, S. 32). Auch wenn Dahrendorf heute im wissenschaftlichen Kontext primär aufgrund seiner soziologischen Schriften, insbesondere zur Rollen- und Konflikttheorie, bekannt bleibt, liegen seine wissenschaftlichen Wurzeln einerseits im Studium der Philosophie und der Germanistik, andererseits widmet er sich später auch politischen/politikwissenschaftlichen, wissenschaftstheoretischen und philosophischen Fragen.

Ralf Dahrendorf wurde am 1. Mai 1929 als Sohn des engagierten sozialdemokratischen Politikers Gustav Dahrendorf (der zum Zeitpunkt seiner Geburt eine Rede zum Tag der Arbeit hielt) und dessen Frau Lina, geborene Witt, in Hamburg geboren. Nach einigen Jahren als „engagierter Abgeordneter des Stadtparlaments" (Dahrendorf 2002a, S. 36) wurde sein Vater am 6. November 1932 als Hamburger Abgeordneter in den Reichstag gewählt, womit ein Umzug nach Berlin verbunden war. Hier erlebten und erlitten die Mitglieder der Familie Dahrendorf (mit einigen kurzen Unterbrechungen) die Nazizeit. Die Repressionen des NS-Staates gipfelten in der Anklage des Vaters vor dem Volksgerichtshof im Zusammenhang mit dem Anschlag auf Hitler am 20. Juli 1944. Diese lautete auf

© Springer Fachmedien Wiesbaden GmbH 2017
O. Kühne, *Zur Aktualität von Ralf Dahrendorf,* Aktuelle
und klassische Sozial- und Kulturwissenschaftler|innen,
DOI 10.1007/978-3-658-17926-7_2

‚Hoch- und Landesverrat' sowie ‚Mitwisserschaft an einem hochverräterischen Unternehmen' und endete mit der Verurteilung zu sieben Jahren Zuchthaus. Auch Ralf Dahrendorf geriet in Konflikt mit dem Nazistaat, mit dauerhaften Folgen für seine politische wie auch wissenschaftliche Entwicklung: Der Drang nach Freiheit, den sein späteres Leben durchzog, wurde – so Dahrendorf (1980a) – im November 1944 in einem Polizeigefängnis in Frankfurt an der Oder geweckt. Doch auch das nachfolgende Überleben des Winters 1944/1945 im Lager Schwetig (Oder), in das er gekommen war, weil Organisationen des NS-Staates „Kindereien wie eine gelbe Stecknadel im Jackett-Aufschlag mit ernsteren Dingen verbanden" (Dahrendorf 1980a, S. 11), aber auch infolge der „Verteilung von Flugblättern gegen den SS-Staat" (Dahrendorf 1980a, S. 11; auch: Dahrendorf 1980c, 1992), bestärkte dieses Bedürfnis. Dieser Drang nach Freiheit richtete sich gegen das Eingesperrtsein, „sei es durch die persönliche Macht von Menschen oder durch die anonyme Macht von Organisationen" (Dahrendorf 1980a, S. 11–12). Nach dem Zusammenbruch der Nazi-Diktatur und der Rückkehr aus dem Zuchthaus Brandenburg knüpfte Gustav Dahrendorf an seine parteipolitische Karriere vor der Nazizeit an: Er beteiligte sich an der Gründung der Ost-SPD 1945, musste allerdings, nachdem er im Februar 1946 gegen die Zwangsvereinigung der SPD mit der KPD opponiert hatte, zurücktreten und mit der Familie zurück nach Hamburg fliehen (Dahrendorf 1994a). Bald nach seiner Rückkehr wurde Gustav Dahrendorf zunächst Mitglied der Hamburgischen Bürgerschaft, später dann von dieser in den Zweizonen-Wirtschaftsrat delegiert.

Ralf Dahrendorf bestand im Frühjahr 1947 an der Heinrich-Hertz-Schule in Hamburg sein Abitur und begann zum Sommersemester 1947 sein Studium der Philosophie und Germanistik an der Universität Hamburg. Hier wurde er – nach der Mitwirkung an einigen Sendungen des Nordwestdeutschen Rundfunks (NWDR) – bald zum Mitarbeiter der ‚Hamburger Akademischen Rundschau', einer Zeitschrift, die von Studenten und Dozenten der Hamburger Universität herausgegeben wurde und sich deutschen politischen und sozialen Themen, Kunst und Kultur sowie internationalen Fragen widmete. Der journalistischen Tätigkeit blieb Dahrendorf zeitlebens treu, indem er unter anderem dazu beitrug, die Tübinger Universitätszeitschrift ‚attempto!' wiederzubeleben, Leitartikel für die ‚Basler National-Zeitung' zu schreiben und Beiträge für die ‚Zeit' zu verfassen. Diese Treue zum Journalismus beschreibt er auch zu Beginn des neuen Jahrtausends (Dahrendorf 2002a, S. 113): „Noch heute vergeht keine Woche, in der ich nicht einen Artikel schreibe". Doch sein Studium an der Universität Hamburg mündete nicht in einer Karriere als Zeitungs- oder Rundfunkjournalist, sondern zunächst in einer wissenschaftlichen Laufbahn. So promovierte er, mit einer mündlichen Doktorprüfung am 29. Februar 1952, im Alter von 23 Jahren über das Thema ‚Der Begriff des Gerechten im Denken von Karl Marx' (Dahrendorf 1984). Veröffentlicht wurde die Dissertation zunächst in gekürzter Version unter dem Titel ‚Marx in Perspektive' (Dahrendorf 1952), nahezu 20 Jahre später dann in einer ergänzten Fassung unter dem Titel ‚Die Idee des Gerechten im Denken von Karl Marx' (Dahrendorf 1971). Mit seiner Dissertation legte er einen Grundstein seiner späteren Überlegungen zu Konflikt, Gesellschaft und Freiheit: Hier griff er immer wieder auf seine frühe Marx-Kritik zurück (Dahrendorf 1971).

Nach dem Abschluss seiner Promotion wechselte Ralf Dahrendorf von Hamburg nach London an die *London School of Economics* (LSE), weil er – wie er später darlegte (Dahrendorf 1984, S. 259) – „erstens ins Ausland, nicht aber nach Amerika, zweitens Sozialwissenschaften betreiben, drittens an einem Ort sein [wollte], an dem sich die Pfade der Welt kreuzten". An der LSE promovierte er zum Ph.D. mit einer Arbeit über ungelernte Arbeiter in der britischen Industrie (Dahrendorf 1995b). Geprägt wurde der junge Ralf Dahrendorf „[a]ls Schüler der Freiheit" (Dahrendorf 1980a, S. 12) im Wesentlichen durch zwei Lehrer: Karl Popper und Milton Friedman. Bei Popper studierte er zwischen 1952 und 1954 an der LSE. Der Einfluss Poppers auf Dahrendorf lässt sich im Folgenden knapp zusammenfassen: Aus der Erkenntnis, dass niemand alle Antworten kennt, gelte es die Möglichkeit sicherzustellen, die verschiedensten Antworten geben zu können, was nur in einer „Verfassung der Freiheit" (Dahrendorf 1980a, S. 13; vgl. auch Dahrendorf 1994a) möglich ist. Mit dem zweiten Lehrer, Milton Friedman, traf er 1957–1958 im *Centre for Advanced Study in the Behavioral Sciences* in Kalifornien zusammen. Allerdings folgte Dahrendorf Friedman, der „bekanntlich […] keine Notwendigkeit, Nützlichkeit oder Rolle" (Dahrendorf 1980a, S. 13) des Staates jenseits dessen klassischer Kernaufgaben (innere und äußere Sicherheit) sah, weniger affirmativ als er Popper zugeneigt war. In kritischer Auseinandersetzung mit den Gedanken Friedmans entwickelte er die Auffassung, dass die Entwicklung individueller Lebenschancen eine ebensolche Bedeutung hat wie wirtschaftliche Freiheiten, auch wenn ihre Herstellung eine Ausweitung staatlicher Aktivitäten bedeutet, wie z. B. durch den Zugang zu höherer Bildung für Arbeiterkinder (Dahrendorf 1980a; näheres hierzu siehe Abschn. 8.5). Darüber hinaus begegnete er im *Centre for Advanced Study in the Behavioral Sciences* einem Mann, der große Teile seiner soziologischen Arbeit (wie auch seiner politischen) beeinflussen sollte – wenn auch durch kritische Bezugnahme: Talcott Parsons. Dieser hatte, so stellte Dahrendorf (2002a, S. 21) fest „einen klassifikatorischen Kopf; wirkliche Ereignisse dienten ihm allenfalls zur Illustration von Begriffen, nicht zur Anregung oder Widerlegung von Theorien" (hierzu mehr in Abschn. 4.2). Zwischen diesen Zeiten im angelsächsischen Sprachraum verbrachte er (nach einem kurzen Intermezzo am Frankfurter Institut für Sozialforschung von Max

Horkheimer und Theodor Adorno, das ihn mehr irritierte und belustigte als es ihm Perspektiven gab) drei Jahre in einem Raum, der, spätestens seit dem preußisch-französischen Krieg 1870/1871, durch die Willkür politischer Grenzziehungen geprägt war: dem Saarland.

Seine Habilitation, die er in seinen Worten mit einer gewissen Ironie als Initiation zum „Mitglied des Kollegiums der akademischen Vollbürger" (Dahrendorf 2002a, S. 12) bezeichnet, erlangte er 1957 an der frisch gegründeten Universität des Saarlandes, an der er seit 1954 als Assistent des Soziologen und Philosophen Georges Goriely tätig war. Seine Habilitationsschrift trug den Titel ‚Soziale Klassen und Klassenkonflikt in der industriellen Gesellschaft' (Dahrendorf 1957) und erlangte (insbesondere in der zwei Jahre später erschienenen und erweiterten Fassung in englischer Sprache; Dahrendorf 1959b) einige Beachtung. Seinen Habilitationsvortrag hielt Dahrendorf zum Thema ‚Sozialwissenschaft und Werturteil' (hierzu mehr in Abschn. 3.2). Dieser beinhaltete die theoretische Befassung mit einem Thema, das sich durch sein berufliches Leben zog: das Thema Grenze, zu dem er ausführte, er habe nie „in den Chor derer eingestimmt, die die Abschaffung aller Grenzen fordern. Grenzen schaffen ein willkommenes Element von Struktur und Bestimmtheit. Es kommt darauf an, sie durchlässig zu machen, offen für alle, die sie überqueren wollen, um die andere Seite zu sehen" (Dahrendorf 2002a, S. 15). Diesen Gedanken führt er metaphorisch weiter, indem er eine Welt ohne Grenzen als Wüste und eine Welt mit geschlossenen Grenzen als Gefängnis beschreibt, um im Anschluss zu einem seiner anderen Lieblingsthemen zu gelangen: Freiheit, denn diese „gedeiht in einer Welt offener Grenzen" (Dahrendorf 2002a, S. 15), in der alle Menschen Bürgerrechte genießen (Dahrendorf 2004).

Nach seiner Rückkehr aus Kalifornien, wo er nach seiner Habilitation weilte, trat Dahrendorf im Jahre 1958 eine Professur an der Akademie für Gemeinwirtschaft in seiner ‚Vaterstadt' Hamburg an. Die Ernennung erfolgte an dem Tag, an dem er 29 Jahre alt wurde. Hier verweilte er allerdings nur kurze Zeit, denn zwei Jahre später trat er seinen Dienst als Professor auf der neu geschaffenen Professur für Soziologie an „Dahrendorfs damalige[r] Traumuniversität" (Peisert 1994, S. 8), der Eberhard Karls Universität in Tübingen, an. Hier war er Listenzweiter, der Listenerste, der Göttinger Soziologe Hans Paul Bahrdt, hatte den Ruf abgelehnt (Dahrendorf 1984). Die Dahrendorf entgegengebrachte „Erwartungshaltung war bei Studenten und Kollegen hoch gespannt, und sie wurde nicht enttäuscht" (Peisert 1994, S. 9). Ab dem Sommer 1966 hatte er an der Universität Konstanz eine Professur inne, in deren Gründungsausschuss er zwei Jahre zuvor als stellvertretender Leiter berufen worden war und in der er sich bemühte, seine Vorstellungen von ‚Bildung durch Wissenschaft' umzusetzen (Peisert 1994; hierzu mehr in Abschn. 8.5).

Nach einer, durch seine politischen Aktivitäten bedingte, Abstinenz von der Hochschule (hierzu in diesem Kapitel später mehr), wurde ihm im Sommer 1973 von Lord Robbins angetragen, die Direktorenschaft der *London School of Economics* zu übernehmen. Nach kurzer Bedenkzeit sagte er zu, denn „die LSE, die [er] erbte, war die bedeutendste sozialwissenschaftliche Hochschule der Welt" (Dahrendorf 1984, S. 264) und so war er von 1974 bis 1984 deren Direktor. Die Rückkehr zur LSE beschrieb er rund 20 Jahre später als „so etwas wie eine Heimkehr" (Dahrendorf 1995b, S. 486). Zwar erfüllten sich die an Dahrendorf adressierten Wünsche, wie dem einer innovativen Neuausrichtung der LSE durch seine Person, nicht, doch es gelang ihm, „die LSE als unternehmerischer Universitätsmanager erfolgreich durch die Finanzkrise zu führen und sie vor allem durch die Förderung von informellen Kontakten zu einem Zentrum der Vernetzung von Wissenschaft, Politik und Wirtschaft zu machen" (Meifort 2014b, S. 208). Im Jahre 1975 wurde er in die *American Academy of Arts and Sciences,* eine von zahlreichen wissenschaftlichen Ehrungen, die ihm zuteilwurden, berufen. Zwischen 1984 und 1986 lehrte er erneut an der Universität Konstanz. 1987 bis 1997 folgte schließlich die Leitung des St Antony's College sowie die Tätigkeit als Prorektor der Universität Oxford (1991 bis 1997). Wie in Deutschland wurde Dahrendorf auch in England zu etwas, was er selbst einen ‚öffentlichen Intellektuellen' (hierzu mehr in Abschn. 9.2) nennt, „wenn auch etwas zurückhaltender als zuvor in der Bundesrepublik" (Meifort 2015, S. 313).

Galt in diesem Kapitel bislang die Aufmerksamkeit insbesondere der *wissenschaftlichen* Biografie Ralf Dahrendorfs, wird im Folgenden seine *politische* Biografie in den Fokus gerückt. Das parteipolitische Engagement Ralf Dahrendorfs begann „zum frühestmöglichen Zeitpunkt" (Dahrendorf 2002a, S. 116), als er 18 Jahre alt wurde und in die Sozialdemokratische Partei Deutschlands eintrat. Politik hieße für ihn nicht, wie für viele, „die Beschäftigung mit staatlichen Angelegenheiten" (Dahrendorf 2002a, S. 115). Er beschreibt sein Politikverständnis als ein ‚angelsächsischer', so bedeute Politik „Wahlkampf, öffentliche Debatte, vor allem Parlament, Auseinandersetzung mit anderen" (Dahrendorf 2002a, S. 115), ein Verständnis das sowohl in seinen politischen Schriften (Kap. 7) als auch in seiner positiven Grundhaltung zu Konflikten (Kap. 4) zum Ausdruck kommt.

In seiner Hamburger Studentenzeit war Dahrendorf Mitglied des ‚Sozialistischen Deutschen Studentenbundes' (SDS) und engagierte sich mit anderen jungen Studierenden für die Aufnahme von Arbeiterkindern ohne Abitur an der Universität Hamburg. Dieses Engagement erwies sich in zweifacher Beziehung als bedeutsam: einerseits entwickelte er hier erste Ansätze zu seinem Verständnis von ‚Bildung als Bürgerrecht' (siehe insbesondere Abschn. 8.4), andererseits

geriet er in Opposition zu einer Gruppe älterer Studierender, darunter Helmut
Schmidt, die ‚Offiziere‘ genannt wurden (viele hatten diesen Rang tatsächlich in
der Wehrmacht bekleidet) und diesen idealistischen Ansatz mit realpolitischen
Argumenten abblockten (z. B. wie soll eine Auswahl der Studienbewerber getroffen werden?). Das Verhältnis zu dem ‚Realpolitiker‘ Schmidt blieb lange Zeit dis-
tanziert und änderte sich erst spät, wie er in seiner 2002 erschienen Autobiografie
‚Über Grenzen. Lebenserinnerungen‘ ausführte: „[A]ls Schmidt durch sein Alter
und seine Tätigkeit als Herausgeber der ‚Zeit‘ leicht liberalisiert und ich, wenn
auch zögernd, mit der Hartnäckigkeit der Realität versöhnt worden war, fanden
wir es leichter, entspannte Gespräche zu führen" (Dahrendorf 2002a, S. 118).

Dahrendorfs Mitgliedschaft bei der SPD währte indes nur kurz, da er es im
Zuge seines Aufenthalts an der *London School of Economics* 1952–1954 ver-
säumte, Mitgliedermarken der Partei zu kaufen und entsprechend der Statuten
der Partei aus ihren Mitgliederlisten gestrichen wurde. Deshalb konnte er knapp
schreiben: „Ich ging sozusagen als Sozialist nach England und kam als Liberaler zurück" (Dahrendorf 2002a, S. 120). Diese Entwicklung führt Dahrendorf im
Wesentlichen auf den Einfluss Karl Poppers und dessen Verteidigung der offenen
Gesellschaft zurück (Dahrendorf 2002a). Als Liberaler war er insbesondere in
den 1960er Jahren tätig und sichtbar. Er war der Überzeugung, dass nach dem
erfolgreichen Aufbau der Bundesrepublik „nun Umbau nötig war" (Dahrendorf
2004, S. 133). Dies betraf einerseits die Erweiterung von Bildungschancen für die
Minderprivilegierten, und andererseits auch die Stabilisierung der Demokratie,
sodass er 1967, zu Zeiten der großen Koalition, der „damals einzigen Oppositi-
onspartei bei[trat], der FDP" (Dahrendorf 2004, S. 133; siehe auch Dahrendorf
1980c). Dies geschah, nachdem er schon früher für die FDP in Erscheinung
getreten war, dann aber einige Zeit der CDU-geführten Landesregierung Baden-
Württembergs als Berater diente (Micus 2009). Bereits im Jahre 1963 hatte er für
die Liberalen für den Rat der Stadt Tübingen kandidiert, dem gleichen Jahr, in
dem er auch seine Mitarbeit für die Wochenzeitung ‚Die Zeit‘ aufnahm und dazu
beitrug, dieser „ihr spezifisches linksliberales Profil" (Meifort 2015, S. 306) zu
geben. Linksliberal, das stellte Dahrendorf (1994a, S. 105) in Bezug auf Theodor
Heuss fest, „sind die Fortschrittler, also diejenigen, denen es nicht reicht, Errungenschaften zu verteidigen, sondern die wissen, dass Freiheit immer Vorwärtsver-
teidigung braucht".

Ein Ereignis seiner rasch an Geschwindigkeit gewinnenden politischen Karriere brachte Dahrendorf im Januar 1968 am Rande des Parteitages der FDP „fünf-
zehn Minuten des Ruhms, oder mindestens der Fernsehberühmtheit" (Dahrendorf
2004, S. 134) ein: Auf einem Übertragungswagen des Fernsehens diskutierte er
„mit dem humanen Jungrevolutionär Rudi Dutschke" (Dahrendorf 2004, S. 134)

vor der Stadthalle von Freiburg. Dutschke ereiferte „sich über die ‚Fachidioten der Politik'" (Dahrendorf 2004, S. 134), während Dahrendorf ihm entgegenhielt, es gäbe aber auch „Fachidioten des Protests" (Dahrendorf 2004, S. 134). Dass die Diskussion nur eine Viertelstunde währte und mit einem Sieg Dahrendorfs (so seine Einschätzung und auch die der FDP-Delegierten) endete (Dahrendorf 1995a), war Dutschke geschuldet, denn er „hatte keine Zeit, er musste zur nächsten Versammlung" (Dahrendorf 1984, S. 28). Dahrendorf hätte hingegen – eigenen Angaben zufolge – „noch tagelang […] diskutieren können" (Dahrendorf 1984, S. 28), was ihn zu einer lakonischen Bemerkung trieb: „So werden Revolutionen verpasst; der Terminkalender erlaubt sie nicht" (Dahrendorf 1984, S. 28).

In den Jahren 1968 und 1969 wurde das Leben von Dahrendorf durch Wahlkämpfe bestimmt, von denen er feststellt: „Wahlkampf hat etwas Berauschendes. In aller Erschöpfung findet man sich immer wieder erfrischt, jedenfalls, wenn man weiß, was man will" (Dahrendorf 1984, S. 33). Im Jahre 1968 zog Dahrendorf für die FDP in den Landtag von Baden-Württemberg ein. Mit dem knappen Einzug der FDP (mit 5,8 %) in den Bundestag und dem Wechsel zur sozialliberalen Koalition wurde er als Listendritter der baden-württembergischen FDP in den Deutschen Bundestag gewählt und wurde dann Parlamentarischer Staatssekretär unter Walter Scheel im Auswärtigen Amt (Peisert 1994). Als Motivation für sein politisches Engagement merkte er folgendes an:

> Ich wollte helfen, dass sich die Demokratie in Deutschland durch einen Wechsel der Regierungskonstellation bewährt. Ich wollte sicher sein, dass die Regierung neue Wege geht. Meine Motive waren verfassungspolitisch. Ich wollte Versöhnung der Abtrünnigen, vor allem der Jungen, mit dem Gemeinwesen. Das alles war nicht meine Tat, aber ein bisschen habe ich dazu beigetragen (Dahrendorf 1984, S. 34).

Der rasche Aufstieg Dahrendorfs in der FDP war nicht allein der – im Vergleich zu den Volksparteien – geringen Mitgliederstärke, seiner Bekanntheit im Kontext der Bildungsdebatte der 1960er Jahre oder dem Inhalt seiner Vorträge, Reden bzw. Veröffentlichungen geschuldet. Besonders „die Führungsstreitigkeiten und Zukunftssorgen der FDP sowie ihre Suche nach Orientierung in einem veränderten Parteiumfeld" (Micus 2009, S. 38) begünstigten Dahrendorfs Karriere.

Sein Wunsch, sich wirksam in die gesellschaftliche Entwicklung einbringen zu können, erfüllte sich jedoch im Auswärtigen Amt nicht. Im Gegenteil, die strengen Regularien einer Behörde, insbesondere des diplomatischen Dienstes, widersprachen seinen Vorstellungen von der politischen Gestaltung: „Folglich fiel er wiederholt in Pressekonferenzen mit persönlichen Meinungsäußerungen auf, die nicht mit Scheel abgesprochen waren" (Meifort 2014b, S. 203). Das Amt des Parlamentarischen Staatssekretärs gab er alsdann nach achteinhalb Monaten

auf, um im Juli für vier Jahre als Europäischer Kommissar, zunächst zuständig
für den Außenhandel, nach Brüssel zu wechseln, nicht unbedingt zum Leidwesen
der in Bonn Regierenden (Meifort 2014b). Der Wechsel nach Brüssel als Kommissar erschien „[e]ingedenk Dahrendorfs Verlangen nach Freiräumen, Gestal-
tungsmacht und Bedeutsamkeit" (Micus 2009, S. 52) nachvollziehbar, avancierte
er doch vom Stellvertreter zum Leiter. Doch auch in Brüssel fügte er sich nicht
vollständig in die vorgegebene Rolle des EG-Kommissars: Unter dem nicht lange
geheim zu haltenden Pseudonym ‚Wieland Europa' veröffentlichte er 1971 in der
‚Zeit' zwei Aufsätze, in denen er die fehlende demokratische Legitimation der
europäischen Institutionen ebenso kritisierte wie die aus seiner Sicht wachsende
Bürokratisierung der Kommission. Zwar zeichnete sich „seine Kritik durch eine
eloquente Investigation bestehender europapolitischer Mängel aus, bot aber dort,
wo es um die Alternativen ging, nur wenig Konkretes" (Micus 2009, S. 55) und
enthielt letztlich für die Kenner der Europäischen Gemeinschaft nichts Neues.
Dieses Vorgehen, eigens die explizite Kritik an Arbeit und Organisation der Kommission wurde in Brüssel mit größter Entrüstung aufgenommen und hätte beinahe
zu Dahrendorfs Entlassung geführt (Dahrendorf 2003; Meifort 2014b; Micus
2009). Im Jahre 1973 – nach dem Beitritt Großbritanniens zur Europäischen
Gemeinschaft – musste er dieses Amt an den Schwiegersohn Winston Churchills,
Christopher Soames, abgeben „und sich stattdessen mit dem weniger einfluss-
reichen Ressort für Forschung, Wissenschaft und Bildung begnügen" (Meifort
2014b, S. 204). Doch auch nach seinem Wechsel an die LSE war das Thema der
politischen Karriere für ihn noch nicht vollständig ad acta gelegt: Im Jahre 1982
begann Dahrendorf erneut Aktivitäten hinsichtlich einer parteipolitischen Karriere
zu entwickeln und so hielt er im Januar 1983 auf dem Stuttgarter Dreikönigstref-
fen (dem jährlichen Treffen der FDP) die Grundsatzrede – unter großem Applaus
der Anwesenden (Peisert 1994). Jedoch zwang ihn sein Gesundheitszustand zu
einer Verringerung seiner Aktivitäten und auch die Stimmung in der FDP war
nach dem vollzogenen Wechsel zu einer Koalition mit der Union weniger offen
für Dahrendorfs Linksliberalismus als Ende der 1960er Jahre. Zudem hatte er
seine Basis im Jugendverband der Partei verloren und seine politisch nicht allseits
überzeugenden Aktivitäten als Staatssekretär und EG-Kommissar ließ die Zahl
seiner Fürsprecher in der sich nach Ruhe sehnenden Partei überschaubar bleiben
(Micus 2009; eine genauere Befassung mit den politischen Aktivitäten Dahrendorfs findet sich bei Peisert 1994). Anstelle einer erneuten politischen Karriere
wurde er wieder an der Konstanzer Universität tätig und „[a]uch die Friedrich-
Naumann-Stiftung zog Nutzen aus dem unfreiwilligen Kürzertreten ihres Vorsitzenden" (Peisert 1994, S. 25). Mit der erneuten Übersiedlung nach England im
Jahre 1988 verließ er die FDP (Micus 2009) und trat den britischen Liberalen bei.

Dahrendorf erhielt, insbesondere seit den 1990er Jahren, zahlreiche Aus-
zeichnungen für sein politisches und wissenschaftliches Werk. 1993 wurde
er – nachdem er zur deutschen auch die britische Staatsbürgerschaft angenommen hatte – von der englischen Königin zum ‚Baron of Clare Market in the
City of Westminster' ernannt und damit zum Mitglied des britischen Oberhau-
ses (Peisert 1994; Hauser 2010). Auch nach dem Ausscheiden aus dem ‚aktiven
Wissenschaftsdienst' blieb der in London und in Bonndorf am Rande des Hoch-
schwarzwald lebende Dahrendorf bis zu seinem Tode publizistisch tätig. In seiner Selbstbeschreibung griff er das Verständnis seiner Rolle in der Gesellschaft
mit einem Schuss Ironie auf: „Weil er kritische Reflexion und das Infragestellen
von Selbstverständlichkeiten liebte, sah er sich gerne in der Rolle des Hofnarren,
nicht nur in der Politik, sondern auch auf wissenschaftlichen Tagungen" (Alber
2010, S. 29). Dies brachte ihm Resonanz und vermittelte damit den Eindruck der
Selbstwirksamkeit. Dahrendorf war, wie Micus schrieb (2009, S. 35), „wie viele
Hochbegabte, zwar durchaus selbstbewusst, suchte stets aber auch nach Anerkennung, Würdigung, Lob". So war ihm zeitlebens die öffentliche Resonanz auf
seine politischen, journalistischen und wissenschaftlichen Äußerungen wichtig:
In seinem Nachlass fand sich eine umfassende Sammlung von Zeitungsausschnit-
ten zu seiner Person (Meifort 2015). Im Alter von 80 Jahren verstarb Ralf Dahrendorf am 17. Juni 2009, seine Beisetzung erfolgte auf dem Friedhof Ohlsdorf in
Hamburg.

Quintessenz zu Kap. 2: Auch wenn das Leben von Ralf Dahrendorf durch
häufige Wohnort- und Karrierewechsel geprägt war (Journalist, Wissenschaftler,
Politiker, Wissenschaftsmanager, Publizist; in Hamburg, Saarbrücken, Tübingen, Konstanz, London, Oxford, Brüssel, Kalifornien, mit zuletzt einem Lebens-
schwerpunkt in Bonndorf am Rande des Hochschwarzwaldes), weist es doch
einige Konstanten auf: Erstens, seine publizistische Tätigkeit, die er im frühen
Erwachsenenalter aufnahm und bis zu seinem Tode fortführte; zweitens, die Verteidigung der Freiheit als Voraussetzung zur Maximierung von Lebenschancen
(hierzu ausführlicher: Kap. 7 und 8); drittens, die Überzeugung, Widerspruch und
Konflikt seien wesentliche Aspekte individueller und gesellschaftlicher Entwicklung (siehe insbesondere Kap. 4).

Das Wissenschaftsverständnis Ralf Dahrendorfs und die Stellung der Soziologie in den Wissenschaften

Eine wesentliche Grundlage für die wissenschaftlichen Schriften Ralf Dahrendorfs ist die umfängliche Auseinandersetzung mit dem aktuellen Stand der sozialwissenschaftlichen Diskussion. Dabei lassen sich wesentliche wissenschaftliche Bezugspersonen seiner Publikationstätigkeit feststellen, die Strasser und Nollmann (2010, S. 32) knapp in der Art der Bezugnahme folgendermaßen fassen: „An Karl Marx rieb er sich, an Max Weber orientierte er sich und in der Abgrenzung zu Talcott Parsons fand er seinen Platz in der Soziologie des 20. Jahrhunderts", was sich ergänzen ließe: Karl Popper zentrierte ihn.

Im Folgenden wird nun zunächst auf Überlegungen Ralf Dahrendorfs zur Rolle des Wissenschaftlers eingegangen, bevor seine Vorstellungen der Soziologie als Wissenschaft umrissen werden.

3.1 Zur Rolle des Wissenschaftlers in der Gesellschaft

Bei aller (bis heute anhaltenden) Uneinigkeit von Wissenschaftlern, eigens Soziologen, was „Wissenschaft will, kann und soll" (Dahrendorf 1968, S. 11), bestehe (hier zumindest unter Soziologen), wie Dahrendorf (1968, S. 11) ausführt, Einigkeit, „dass Wissenschaft stets auch kritisches Fragen bedeutet; und die Kritik der eigenen Position dadurch erleichtert, dass andere ihre anderen Positionen mit gleicher Entschiedenheit vertreten". Eine Grundvoraussetzung für die Soziologie als Wissenschaft im Besonderen ist für ihn „Kritik, kritische Distanz von den Selbstverständlichkeiten der eigenen Gesellschaft" (Dahrendorf 1968, S. 63). Denn auch in der Wissenschaft bedeutet Freiheit nicht allein die Abwesenheit äußerer, sondern „sie fordert auch die Abwesenheit innerer Zwänge" (Sofsky 2007, S. 47). Denn schließlich endet die Verantwortung eines Wissenschaftlers

© Springer Fachmedien Wiesbaden GmbH 2017

O. Kühne, *Zur Aktualität von Ralf Dahrendorf,* Aktuelle und klassische Sozial- und Kulturwissenschaftler|innen, DOI 10.1007/978-3-658-17926-7_3 nicht damit, zum Fortschritt seiner Wissenschaft beizutragen, vielmehr erfordert sie, sich der Folgen seines Handelns in der Wissenschaft zu vergegenwärtigen und danach zu handeln (Dahrendorf 1967a). An dieser Stelle verbinden sich theoretische Einsicht und praktisches Werturteil (Dahrendorf 1968), also Sphären, die in einem ‚puristischen' Wissenschaftsverständnis wenig miteinander zu tun hätten. Da jederzeit die Gefahr besteht, impliziten Wertvorstellungen im wissenschaftlichen Kontext zu folgen, „fordert er die ständige Selbstbeobachtung und Selbstkritik und die ausdrückliche Offenlegung jener Werte, die die Forschung geleitet haben" (Ackermann 2016, S. 218). In seiner Ablehnung der Politisierung von Wissenschaft lobt er den Fächerkanon an der (von ihm lange Zeit geleiteten) *London School of Economics,* den er als „im strengen Sinne akademisch" (Dahrendorf 1984, S. 259) beschreibt: „Weder policy studies noch Parapsychologie noch Menschenrechte, weder Bio-Ökonomie noch Frankfurter Schule, weder Konflikt- und Friedensforschung noch Frauenstudien, nichts, was Programm statt Wissenschaft ist, wird hier seinen Platz finden" (Dahrendorf 1984, S. 259). Neben der Ablehnung von ‚Programm' in der Wissenschaft lehnte er in der Traditionslinie von Karl Popper, Isaiah Berlin, Raymond Aron und Friedrich August von Hayek „geschlossene […] theoretische Systeme" (Ackermann 2016, S. 217) ab. Anstelle von ‚Programmatik' und ‚geschlossenen theoretischen Systemen' in der Wissenschaft folgt er dem kritischen Rationalismus Karl Poppers, dessen zentrales Anliegen Dahrendorf (1980a, S. 13) wie folgt umreißt: keine wissenschaftliche Theorie ist endgültig beweisbar, daher „kommt es darauf an, immer erneut und mit ganzer Kraft zu prüfen, ob akzeptierte Theorien falsch sind, irrig oder widerlegt". Hieraus ergibt sich eine Konsequenz, die Dahrendorf nicht allein auf die Wissenschaft, sondern allgemeiner auf die Gesellschaft bezieht: „Um dies zu tun, müssen wir die Bedingungen rationaler, kritischer Auseinandersetzung aufrechterhalten, unter denen es möglich bleibt, verschiedener Auffassung zu sein" (Dahrendorf 1980, S. 13). Ein Ansatz, der auch seine politischen Schriften und Reden prägte.

In seiner Vorstellung der Trennung von Wissenschaft und Praxis unterscheidet Ralf Dahrendorf (1987) – in Anschluss an den Philosophen Josef König (den Doktorvater Dahrendorfs an der Universität Hamburg) – zwischen Fragen und Problemen: Während Fragen als „Aufforderungen zur Entscheidung" (Dahrendorf 1987, S. 19) zu verstehen seien, denen sich die Handelnden nicht entziehen könnten, schaffen wir Probleme selbst: „Sie sind nicht nur Menschenwerk – das sind viele Fragen auch –, sondern in gewisser Weise das Werk dessen, der ihre Lösung anstrebt. Sie sind im Unterschied zu Fragen selbstgemacht und insoweit künstlich" (Dahrendorf 1987, S. 19). Durch diese Differenzierung kommt Dahrendorf (1987, S. 19) zu einer wesentlichen Zuweisung der Bereiche: „Fragen bezeichnen die Welt der Praxis, Probleme die der Theorie". Dies impliziert auch unterschiedliche Werkzeuge des Umgangs. „Fragen betreffen den gesunden Menschenverstand" (Dahrendorf 1968, S. 17), weswegen jeder in die menschliche Gesellschaft Eingeführte mit dem nötigsten Instrumentarium zu ihrer Bewältigung ausgerüstet ist. Die Befassung mit Problemen obliegt hingegen der Wissenschaft (z. B. Dahrendorf 1968). Bei Fragen, deren Beantwortung drängt, kann die Befassung mit Problemen auch verschoben, sie kann sogar vergessen werden (Dahrendorf 1987): „[D]ie Praxis kann nicht warten und die Theorie nicht hasten" (Dahrendorf 1987, S. 22). Einer solchen Zuweisung steht die Tendenz zu einer „praktischen Allianz von Theorie und Praxis im Bemühen um mittelfristige Lösungen und Antworten" (Dahrendorf 1987, S. 30) entgegen, wie sie in der wissenschaftlichen Politikberatung einschlägig ist. Dabei wird Expertise ‚transgressiv', das bedeutet, „dass alle Expertinnen ihre wissenschaftliche Kompetenz überschreiten müssen, weil ihnen Fragen gestellt werden, die nicht ihre eigenen sind", wie Helga Nowotny (2005, S. 37) knapp zwei Jahrzehnten später feststellt (vgl. auch Kühne 2008). Eine solche „Allianz der mittleren Frist verlangt von den Praktikern ein offenes Ohr, die Bereitschaft einfache Vorurteile in Frage zu stellen, die Fähigkeit zu neuen Perspektiven, übrigens auch ein Talent, oft schwer Verständliches für sich und die Wähler in eine einfachere Sprache zu übersetzen" (Nowotny 2005, S. 37). Von in der ‚Praxis' tätigen Wissenschaftlern verlangt dies „vor allem Askese. Sie werden weder potenzielle Nobelpreisträger noch potenzielle Ministerpräsidenten" (Dahrendorf 1987, S. 32). Doch auch zu Beginn des wissenschaftlichen Prozesses finden sich lebensweltliche Bezüge, „d. h. während der einzelne Wissenschaftler an eine Problemtradition anknüpfen mag, beginnt diese doch mit bestimmten Beobachtungen" (Dahrendorf 1968, S. 24).

Das bisweilen prekäre Verhältnis von Wissenschaft und Praxis wird für Dahrendorf (1968) auch in dessen beruflicher Stellung deutlich, denn in der „modernen Gesellschaft zumindest ragt es [das ‚närrische' Unterfangen, beides verbinden zu wollen; Anm. O. K.] durch seine Institutionalisierung in Berufsrollen in die normale Lebenssphäre hinein" (Dahrendorf 1968, S. 23). Dies wird besonders in Deutschland deutlich, wo Wissenschaftler häufig sogar Beamte sind. Hier werde – so Dahrendorf (1968) – nahezu Unvereinbares vermischt. Einen ähnlichen Einfluss der Lebenswelt in die Wissenschaft hat auch die Sprache, mithilfe derer Theorien beschrieben werden (Dahrendorf 1968). Dennoch unterscheiden sich Wissenschaft und Praxis im Ziel der Befassung mit der Welt: „Das Ziel der Wissenschaft bleibt die Theorie, das des gesunden Menschenverstandes die Abbildung des Wirklichen" (Dahrendorf 1968, S. 25). Entsprechend dieser Anerkennung des ‚gesunden Menschenverstandes' als Erkenntnisweise, lehnt er ein Verständnis des Begriffs ‚Positivismus' ab, das

die wissenschaftliche Erkenntnis als den einzigen „legitimen Weg zum Wissen"
(Dahrendorf 1968, S. 26) beschreibt. Auch weist er ein Verständnis von ‚Positivismus' „als Lehre von der Ausschließlichkeit der Begründung wissenschaftlicher Sätze durch ‚positive Tatsachen', also als eine Art Induktionsprinzip"
(Dahrendorf 1968, S. 26) zurück. Wird hingegen unter Positivismus verstanden, „dass man wissenschaftliche Einsicht für möglich hält, dann wird es zum
Ehrennamen für den, auf den es gemünzt ist, und für den zur Schande, der es
als Vorwurf verwendet" (Dahrendorf 1968, S. 26). Unter letzteren subsumie-
ren sich die Anhänger der „anti-rationalen Kulturkritik hegelianischer Provenienz, die in einigen Ländern des Westens gegenwärtig Mode ist" (Dahrendorf
1968, S. 26), also den zu jener Zeit aufkommenden Neo-Marxismus. Entsprechend seines, hier als ‚Positivismus' verstandenen Wissenschaftsbegriffs, weist
er die Position zurück, die Soziologie (oder allgemein die Sozialwissenschaften) sei eine reine Erfahrungswissenschaft in naturwissenschaftlicher Tradition
oder eine reine Geisteswissenschaft. Beide Traditionen seien notwendig, denn
„wir brauchen andere Erkenntnisweisen zur Ergänzung und zur Korrektur"
(Dahrendorf 1968, S. 28).

3.2   Die Soziologie als Wissenschaft

Unabhängig von der methodischen Grundausrichtung, ob einer in naturwissenschaftlicher Denktradition stehender quantitativen oder einer in geisteswissen-
schaftlicher Tradition stehender qualitativen, sieht Dahrendorf also Empirie
als Grundlage soziologischen Arbeitens. Dieses Vorgehen unterscheidet sich
von einem ‚spekulativen Vorgehen' (Dahrendorf 1968). Damit widerspricht er
Theodor Adorno, der die Auffassung vertreten habe, Theorien über die Gesellschaft müssten nicht zwingend bruchlos durch empirische Ergebnisse eingelöst
werden. Daher attestiert er dieser Auffassung keinen ‚erfahrungswissenschaftlichen', sondern einen ‚spekulativen' Hintergrund. Pointiert führt er aus: „Unter
soziologischer Analyse verstehe ich das Aufschließen empirischer Befunde mit
den Schlüsseln überprüfbarer Theorie" (Dahrendorf 1972, S. 8). Damit verweist
er implizit die weltanschaulich-wissenschaftstheoretische Grundlage Adornos
(und der so genannten ‚Kritischen Theorie' allgemein), den Marxismus, in das
Reich der Spekulation, da diese weder einer empirischen Überprüfung stand-
hielten noch in der Lage seien, sich an empirische Ergebnisse anpassen zu können (mehr dazu auch in Kap. 4). Entsprechend dieser Überlegungen bezeichnet
er die Soziologie (hier bezieht er sich auf die Subdisziplin der Industrie- und
Betriebssoziologe) als „eine Wissenschaft im Sinne der einer Rationalisierung

der Welt unserer Erfahrung. Sie ist – im Gegensatz zur Theologie, zur Rechts-
wissenschaft, aber auch zur Betriebswirtschaftslehre – keine normative Disziplin" (Dahrendorf 1965a, S. 17). Dabei ergibt sich für ihn auch eine Differenz
zu einer anderen wichtigen Nachbarwissenschaft der Soziologie, zur Psycholo-
gie, denn die Soziologie habe es „nicht in erster Linie mit dem einzelnen Menschen zu tun" (Dahrendorf 1965a, S. 18). Der Einzelne rücke darüber hinaus,
wenn, dann eher als Träger von Rollen, in den Fokus des Interesses, denn „er
[der Soziologe; Anm. O. K.] denkt oft stärker an den Direktor, den Werkmeister, die Sekretärin, als an Herrn Direktor Müller, den Werkmeister Herrn Schmidt
oder die Sekretärin Fräulein Meyer" (Dahrendorf 1965a, S. 18). Rollen sind –
wie Dahrendorf (2004, S. 58) feststellt – „in Emile Durkheims Sinn, elementare
soziale Tatsachen". Denn wir unterhalten, wie angedeutet, „soziale Beziehungen
nicht als nackte Individuen, sondern in der Kleidung, mit der unsere Stellung in
der Gesellschaft uns versieht" (Dahrendorf 2004, S. 58).

Auch wenn er Marx attestiert, dieser habe „im Einzelnen und mit bemerkenswerter Einsicht in soziale Zusammenhänge dargelegt, wie sich die Klassen aus
Eigentumsverhältnissen entwickeln" (Dahrendorf 1961, S. 143), lehnt er die Konsequenzen, die Marx aus seiner Analyse zieht, deutlich ab. In kritischer Auseinandersetzung mit Marx entwickelte Dahrendorf (1968) fünf Sätze zur Grundlegung
soziologischer Analyse und Theoriebildung:

1. Zum Zwecke soziologischer Analyse ist es annähernd „sinnlos, nach einer
   einzigen umfassenden Theorie des sozialen Wandels zu suchen" (Dahrendorf
   1968, S. 291), schließlich seien die empirischen Befunde über die soziale Welt
   so vielfältig, dass sie sich eher mit einer Vielzahl von Theorien erschließen
   ließen, denn zu einer großen Theorie zusammengeschlossen werden könnten
   (eine Schwäche, die er der Marxschen Geschichtsphilosophie attestiert).
2. Die Probleme, die durch die Soziologie mit Theorien des Wandels zu erklären sind, „sollten vorzugsweise spezifisch und nicht allgemein sein, wenn wir
   wünschen, dass unsere Theorien relevant und kräftig bleiben" (Dahrendorf
   1968, S. 291). Zwar sei nichts „prinzipiell Illegitimes" an der Vorgehensweise,
   mit „allgemeinen Beobachtungen zu beginnen, doch ist es wahrscheinlich,
   dass die resultierenden Theorien zu viel erklären, um irgendetwas Bestimmtes
   zu erklären".
3. Der weit verbreitete Ansatz mit Hilfe von statischen Vorstellungen, etwa von Epochen, „verhindert die Formulierung von Theorien des Wandels" (Dahrendorf 1968,
   S. 292). Wandel sei vielmehr allgegenwärtig. Entsprechend plädiert Dahrendorf
   (1968) dafür, nicht das Eintreten von Wandel, sondern vielmehr seine Abwesenheit oder seine Modalitäten in den Fokus soziologischer Wissenschaft zu rücken.

4. Die Annahme eines linearen Wandels schwächt die Erklärungskraft soziologischer Theorien und schränkt deren Anwendbarkeit ein. Vielmehr sind soziale Prozesse von Veränderungen unterschiedlicher Intensität geprägt, dies betrifft auch die Intensität von Konflikten im Besonderen und des Wandels im Allgemeinen.

5. Die Theorie von Karl Marx „scheint am unmittelbarsten nützlich bei der Erklärung von Revolutionen, obwohl sie auch hier erhebliche Modifikationen verlangt" (Dahrendorf 1968, S. 293), denn für Marx seien „Wandel und Revolution nahezu identisch" (Dahrendorf 1968, S. 293). Eine Annahme die er z. B. angesichts der gesellschaftlichen Expansion der Bürgerrechte und des gesellschaftlichen Wohlstandes als widerlegt ansah (mehr hierzu in Kap. 4).

In Abgrenzung zur Soziologie von Marx und seinen Nachfolgern (aber auch in Abgrenzung zum Strukturfunktionalismus von Talcott Parsons; vgl. Kap. 4) stellte Dahrendorf vier Thesen zum Verhältnis von Theorie und Empirie auf und begründete diese:

1. „Es ist denkmöglich (vorstellbar), verallgemeinernde soziologische Theorien bzw. Hypothesen zu bilden, deren Geltung durch deskriptive Einzelsätze entscheidbar ist" (Dahrendorf 1968, S. 33). In Anlehnung an Karl Popper (1959) versteht er ‚Theorien' als allgemeine Aussagen zu empirischen Sachverhalten, „die zwar unmittelbar durch solche Sachverhalte nicht überprüfbar sind, aus denen aber unmittelbar prüfbare Sätze – nämliche ‚Hypothesen' – notwendig folgen" (Dahrendorf 1968, S. 33). Wird entsprechend eine Hypothese infolge empirischer Forschung widerlegt, ist auch die Theorie widerlegt. Grundlage dieser empirischen Überprüfung sind „Aussagen über beobachtete Sachverhalte, um Beschreibungen von ‚Tatsachen'" (Dahrendorf 1968, S. 33), die Dahrendorf als ‚deskriptive Einzelsätze' oder ‚Basissätze' bezeichnet. Entsprechend seines Verständnisses von der Soziologie als Erfahrungswissenschaft, liegt deren Ziel stets in der Entwicklung von Theorien: „Empirische Forschung hat ihren logischen Ort strenggenommen nur als Kontrollinstanz der aus den Theorien abgeleiteten Hypothesen" (Dahrendorf 1968, S. 35), sie erschöpft sich entsprechend „keineswegs in der Akkumulation sogenannter ‚Tatsachen'" (Dahrendorf 1968, S. 34). Eine „reine Tatbestandsaufnahme kann allenfalls als Soziographie gelten" (Dahrendorf 1968, S. 112). Wenn also angenommen wird, bei der Gesellschaft handele es sich um eine ‚Tatsache', dann könnte sich diesem Gegenstand auch mit erfahrungswissenschaftlicher Methodik genähert werden, verbunden allerdings mit der Herausforderung, „dass wir Soziologen in erheblich störenderem Maße als etwa der Naturwissenschaftler

selbst Teil unseres Erfahrungsbereiches sind" (Dahrendorf 1968, S. 35) und darüber hinaus sogar in die Lage versetzt sind, auf den Gegenstand der Forschungen Einfluss zu nehmen. Aus der „Denkmöglichkeit einer Soziologie als Erfahrungswissenschaft" (Dahrendorf 1968, S. 36) leitet er seine zweite These zur Soziologie als Erfahrungswissenschaft ab:

2. „Es ist praktisch möglich (durchführbar), allgemeine soziologische Theorien bzw. Hypothesen zu bilden, deren Geltung durch deskriptive Einzelsätze entscheidbar ist" (Dahrendorf 1968, S. 36). Soziologische Erfahrungswissenschaft sei also in der Lage, Theorien zu entwickeln, „die sich ‚bruchlos' durch empirische Befunde ‚einlösen' lassen" (Dahrendorf 1968, S. 36). Dieses ‚einlösen' wiederum ist an das Vorhandensein eines angemessenen Instrumentariums gebunden, woraus die dritte These folgt.

3. „Es ist praktisch möglich, Methoden der systematischen Überprüfung allgemeiner soziologischer Theorien bzw. Hypothesen zu entwickeln" (Dahrendorf 1968, S. 38) – auch wenn sich hier das größte Hindernis zu einer erfahrungswissenschaftlichen Soziologie ergibt, da eine große Zahl „geschichtlicher Konstellationen" (Dahrendorf 1968, S. 38) mit einer erheblichen Anzahl zu kontrollierender Variablen vorliegt, die es zu prüfen gilt. Doch liege „in der technischen Schwierigkeit kein legitimer prinzipieller Einwand" (Dahrendorf 1968, S. 38) gegen dieses Verständnis einer erfahrungsbasierten Sozialwissenschaft. Daraus ergibt sich für Dahrendorf folgende Aufgabe:

4. „Es ist sinnvoll, streng erfahrungswissenschaftliche allgemeine Theorien bzw. Hypothesen und Methoden ihrer systematischen Überprüfung in der Soziologie zu entwickeln" (Dahrendorf 1968, S. 39). Grundlage eines solchen Vorgehens ist das Stellen angemessener Fragen, diese Fragen sollten primär wissenschaftliche Probleme und nicht ganze Problembereiche zum Thema haben. Statt das Thema ‚Streik' zu behandeln, werde ‚der industrielle Konflikt' thematisiert. Wer solche Untersuchungsbereiche formuliert, „darf sich nicht wundern, wenn es ihm nicht gelingt, Annahmen und Theorien zu präzisieren und zu prüfen" (Dahrendorf 1968, S. 41).

Angesichts der Zentrierung auf Probleme für die wissenschaftliche Behandlung der Welt betrachtet Dahrendorf die Ein- und Abgrenzung von Gegenständen und Methoden wissenschaftlicher Disziplinen (und Teildisziplinen) kritisch. Dementsprechend habe „Wissenschaft als Suche nach Notwendigkeit […] nicht Gegenstände, sondern Probleme, d. h. bestimmte erklärungsbedürftige Beobachtungen zu ihrem Ausgangspunkt" (Dahrendorf 1968, S. 44). Diese Suche werde mit unterschiedlichen Methoden durchgeführt, doch auch diese Methoden seien allgemeine Methoden der Wissenschaft, die keiner einzelnen Disziplin ‚gehörten':

„Wissenschaftliche Erkenntnis bleibt methodisch dieselbe, gleichgültig darum, auf welche Problematik sie sich richtet" (Dahrendorf 1968, S. 43). In Anbetracht eines solchen Wissenschaftsverständnisses erscheint es wenig sinnvoll, „die endlosen Abgrenzungsdiskussionen" (Dahrendorf 1968, S. 44), einschließlich der Versuche, fortzuführen und eine interdisziplinäre Vernetzung disjunkt voneinander getrennter Fächer zu generieren. Hier wird eine fachzentrierte durch eine problemzentrierte Logik der wissenschaftlichen Tätigkeit ersetzt. Für die Forschungspraxis konstatiert er jedoch eine umgekehrte Entwicklung (Dahrendorf 1972, S. 304): Es habe sich hinsichtlich der Themenwahl von Forschern „in wachsendem Grade das Prinzip durchgesetzt, dass sich jeder Forscher seinen eigenen kleinen Garten aus dem als endloses Grundstück vorgestellten Bereich der wissenschaftlichen Probleme herausschneidet, um ihn schleunigst einzuzäunen und keinen anderen mehr hereinzulassen". Dieses Vorgehen sei allerdings nur sinnvoll, wenn vorausgesetzt würde, dass im wissenschaftlichen Prozess unumstößliche Wahrheiten manifestiert würden. Diese ‚Manifestationstheorie der Wahrheit' (Dahrendorf 1972), basiere auf der Annahme, die Garten-Metapher fortsetzend, „dass der einmal bepflanzte Garten keine andere, vor allem bessere Bepflanzung haben könnte" (Dahrendorf 1972, S. 304).

Eine solche ‚Privatisierung' wissenschaftlicher Teildisziplinen steht – so Dahrendorf (1972) – dem Verlangen der Wissenschaft nach Öffentlichkeit und Engagement entgegen, ohne die ein Ringen um geeignetere Theorien und empirische Zugänge zur Welt nicht denkbar wäre. Die Tolerierung der Einzäunung durch andere bedeutet einen Verzicht auf Kritik, die Dahrendorf – in Anknüpfung an den kritischen Rationalismus Poppers (1959; siehe zur Bedeutung des kritischen Rationalismus für Dahrendorf Weiteres in Gratzel 1990) – jedoch für unverzichtbar für den wissenschaftlichen Fortschritt hält. Zumal werde an der Stelle, an der „wissenschaftliche Kritik einer unscharfen, quietschenden Toleranz Raum gibt, […] verfälschter und schlechter Forschung Tür und Tor geöffnet" (Dahrendorf 1968, S. 85), was insbesondere für ideologisch geprägte Aussagen gilt, die „ja auch immer schlechte wissenschaftliche Aussagen" (Dahrendorf 1968, S. 85) seien. Damit definierte er die „Hauptaufgabe der wissenschaftlichen Kritik, in diesem Sinne schlechte Wissenschaft als solche zu enthüllen und zu kritisieren" (Dahrendorf 1968, S. 85). Damit sieht sich Dahrendorf in der Tradition der Aufklärung, die er im Anschluss an die klassische Definition Immanuel Kants als „Glauben an die Fähigkeit der Menschen, ihre Vernunft zu gebrauchen" (Dahrendorf 2004, S. 328), versteht.

Dass die sozialwissenschaftliche Befassung mit der ‚sozialen Tatsache' der Gesellschaft im Vergleich zu anderen Wissenschaften erst spät (im 19. Jahrhundert) einsetzte, lässt sich nach Dahrendorf (1968) im Wesentlichen auf zwei

Gründe zurückführen: erstens, weil, wenn diese sozialen Tatsachen überhaupt wahrgenommen wurden, sie „diese entweder nicht für erklärungsbedürftig hielt oder in ihrer Eigenart nicht anerkannte, sondern auf andere Tatsachen reduzierte" (Dahrendorf 1968, S. 51). Also erübrigte sich die Auseinandersetzung mit sozialer Ungleichheit, solange davon ausgegangen wurde, dass die Menschen durch Gott eben sozial höher oder niedriger geschaffen seien oder soziale Ungleichheiten kausal auf natürliche Ungleichheiten zurückzuführen seien. Zweitens, weil diese Tatsache der Gesellschaft „so allgegenwärtig und damit so selbstverständlich" (Dahrendorf 1969, S. 52) sei, dass selbst kritisch Reflektierenden jenes Mindestmaß an Abstand zu der sozialen ‚Wirklichkeit' gefehlt habe, als dass sie soziale Verhältnisse in den Fokus ihrer Überlegungen gerückt hätten. Dies bedeutete historisch, „dass Soziologie erst entstehen konnte, als die Sozialentwicklung selbst erst in größerem Umfange Distanz von sozialen Wirklichkeiten ermöglichte, wenn nicht erzwang" (Dahrendorf 1968, S. 52). Mit einem gewissen Hang zur Generalisierung bestimmt er entsprechend den „historischen Ort" (Dahrendorf 1968, S. 64) der Soziologie im Vergleich zu anderen Disziplinen: „Was die Theologie für die mittelalterliche Feudalgesellschaft und die Philosophie für die Zeit des Übergangs zur Moderne bedeutete, das bedeutet die Soziologie für die industrielle Gesellschaft" (Dahrendorf 1968, S. 64). Denn alle drei Disziplinen seien, abgesehen von ihren expliziten Erkenntniszielen, „Instrumente der Selbstdeutung historischer Epochen" (Dahrendorf 1968, S. 64). Dabei setzte die soziologische Untersuchung insbesondere in Gesellschaften mit fortschreitender Industrialisierung ein und wurde von Personen betrieben, die diese Distanz biografisch besonders erlebten, wie „Juden, sozial Aufgestiegene (oder Abgestiegene), intellektuelle Frauen, Einwanderer" (Dahrendorf 1968, S. 53). So lässt sich das Entstehen der Soziologie – Dahrendorf (1968) zufolge – als Element der Selbstbeschreibung einer Gesellschaft in einer „historischen Situation des Umbruchs am Schnittpunkt der (etwas ungenau) als feudal bezeichneten Epoche und der industriell-kapitalistischen Moderne" (Dahrendorf 1968, S. 67) umreißen. Die Entstehung der Soziologie folgt also aus Verunsicherung über die Veränderung bisher als natürlich geltender Verhältnisse und der Feststellung, dass diese gesellschaftlichen Verhältnisse historisch wie auch veränderlich sind. Doch auch das Verständnis dieses Wandlungsprozesses erwies sich als veränderungswürdig, denn verstanden die Soziologen des 19. Jahrhunderts Wandlung „vor allem polemisch" (Dahrendorf 1968, S. 67), wie beispielsweise „als kapitalistische Gesellschaft, Gesellschaft der Entfremdung, der Ungerechtigkeit, des Elends und der Unterdrückung". Die Entwicklung einer um Wertfreiheit bemühten Wissenschaft begann mit der Suche nach wertfreien Begriffen, unter denen „sich der Begriff der industriellen Gesellschaft als der haltbarste und erfolgreichste"

(Dahrendorf 1968, S. 67) erwies. War doch die Industrialisierung zunächst bloß eine „technisch-ökonomische Tatsache, dass die Güterproduktion sich in Fabriken und unter Verwendung mechanischer Hilfsmittel der verschiedensten Art vollzieht, wirkt [sie] bis in die intimsten Bereiche des Lebens der Menschen in diesen Gesellschaften hinein" (Dahrendorf 1965a, S. 5). Dies passiert nicht allein in direkter Art, z. B. durch Arbeit in diesem Sektor, vielmehr sind „nahezu alle Menschen in industriellen Gesellschaften abhängig von der Industrie, ihren Produktionseinrichtungen und -leistungen, ihrer technischen Entwicklung und ihrem wirtschaftlichen Schicksal" (Dahrendorf 1965a, S. 5). Sie „zerreißt die überkommenen Familienbande, trennt Haushalt und Arbeitsplatz, führt gerade in ihrem Anfang durch Frauen- und Kinderarbeit zu brutalen Verkehrungen überlieferter Strukturen und macht das ländliche Familienidyll für alle Zeiten unmöglich" (Dahrendorf 1965c, S. 61).

Der zunehmenden Spezialisierung soziologischer Forschung, der dadurch entstehenden Verringerung der Breite und abnehmenden Anschlussfähigkeit für Nachbarwissenschaften und Öffentlichkeit widersetzte sich Dahrendorf (1989b): „Er blieb der sozialwissenschaftlich kompetente, aber für öffentliche Wirksamkeit der Wissenschaft eintretende, am perspektivischen Blick auf das Ganze interessierte Intellektuelle, geprägt von Traditionen der älteren Aufklärung. Damit geriet er in Distanz zu seinem sich professionalisierenden und somit spezialisierenden Fach, der Soziologie" (Kocka 2009, S. 348). Ähnliches lässt sich auch für seine starke Rückbindung in der Erklärung gegenwärtiger gesellschaftlicher Zustände durch die Betrachtung historischer Entwicklungen sagen. Sein Bezug zu historischer Entwicklung wird dabei besonders in der Befassung mit der Gesellschaft der Vereinigten Staaten in ‚Die angewandte Aufklärung' (Dahrendorf 1963), Deutschlands in ‚Gesellschaft und Demokratie in Deutschland' (Dahrendorf 1965c) und in seinen biografischen Arbeiten in ‚Liberale und andere' (Dahrendorf 1994a) sowie in seinen Schriften über den Unternehmer und Politiker Gerd Bucerius (Dahrendorf 2000c) deutlich.

Quintessenz zu Kap. 3: Das Dahrendorfsche Verständnis von Sozialwissenschaft lässt sich als das einer theoriegeleiteten Empirie verstehen. Theoretische Überlegungen sind Grundlage für möglichst präzise gefasste Fragestellungen, die einer empirischen Überprüfung unterzogen werden. Diese empirische Überprüfung kann – womit er Karl Popper folgt – niemals in einem (schon gar nicht endgültigen) Beweis einer Theorie münden. Insofern fordert er Wissenschaftler auf, sich kritisch mit Theorien (sowohl den anderer als auch der eigenen) zu befassen und sich entsprechend keinen Deutungshoheitsansprüchen zu beugen, allein das Zulassen einer Vielfalt konkurrierender wissenschaftlicher Ansätze erhält die Möglichkeit, die geeignetsten Ansätze zu ermitteln. Entsprechend dieser Überlegungen lehnt er den Versuch ab, umfassende Weltdeutungsansätze zu entwickeln (hier widerspricht er sowohl dem Marxismus als auch dem Strukturfunktionalismus). Stattdessen favorisiert er empirisch überprüfbare Theorien. Diese Ablehnung von umfassenden Weltdeutungen bedeutet indes nicht, dass er die Zukunft der (Sozial) Wissenschaft in einer weitreichenden und ausschließlichen Spezialisierung sieht: Zu (Sozial)Wissenschaft gehören für ihn auch stets Überblick und die Fähigkeit zur Orientierung zwischen und Einordnung von konkurrierenden Theorien und empirischen Ergebnissen. Dies umfasst insbesondere auch die Fähigkeit und Bereitschaft zur historischen Kontextualisierung.

Konflikt und Gesellschaft

Eine Konstante in den Arbeiten von Ralf Dahrendorf ist die Befassung mit sozialen Konflikten. Diese nimmt in der Auseinandersetzung mit Marx und Parsons ihren Ausgang, wobei er zunächst die dichotome Frontstellung der Konfliktparteien von Marx (der davon ausgeht es bildeten sich stets zwei Konfliktparteien mit entgegengesetzten Interessen, deren Konflikt in einer Revolution mündete) beibehält und seine Konflikttheorie später einen immer stärkeren Bezug zu „Max Weber in seinem Schreckenszenario vom stahlharten Gehäuse bürokratischer Herrschaft" (Lamla 2005, S. 208) erhält. Später entwickelt sich seine Theorie zu einem Ansatz, in dem die Frage behandelt wird, wie Lebenschancen mit und in Konflikten bzw. durch Konflikte maximiert werden können (Lamla 2005). Insgesamt lässt sich dabei feststellen, dass Dahrendorfs Theorie im „Kern eine Strukturtheorie des gesellschaftlichen Wandels durch sozialen Konflikt" (Lamla 2005, S. 210) ist. In diesem Kapitel wird insbesondere auf die ursprüngliche Fassung der Konflikttheorie eingegangen. Die Herausforderung der Bürokratie und das Konzept der Lebenschancen werden an anderer Stelle (Abschn. 7.2 und 8.3) behandelt, da für ihr Verständnis die Einführung in weitere Dahrendorfsche Überlegungen, insbesondere zum Verhältnis von Person und Gesellschaft, hilfreich ist.

4.1 Grundüberlegungen zur Konflikttheorie Ralf Dahrendorfs

Im Vergleich zu etwa anthropologischen Konflikttheorien, die soziale Konflikte auf psychologische oder biologische Prädispositionen des Einzelnen zurückführen wollen (wie etwa Konrad Lorenz, Irenäus Eibl-Eibesfeldt oder Sigmund Freud), rückt Ralf Dahrendorf (wie schon Karl Marx) die soziale Genese sozialer

O. Kühne, *Zur Aktualität von Ralf Dahrendorf*, Aktuelle und klassische Sozial- und Kulturwissenschaftler|innen, DOI 10.1007/978-3-658-17926-7_4

Konflikte in das Zentrum seiner Überlegungen und schränkt zugleich die Gültigkeit seiner Konflikttheorie auf ‚soziale Konflikte' ein (vgl. Bonacker 1996).
Diese sozialen Konflikte sind in strukturellen gegensätzlichen Bezugnahmen zwischen Teilen einer Gesellschaft begründet (Dahrendorf 1972, S. 24): „Sozial soll
ein Konflikt dann heißen, wenn er sich aus der Struktur sozialer Einheiten ableiten lässt, also überindividuell ist". Dies bedeutet, dass neben individualpsycholo-
gisch bedingten Konflikten auch Konflikte zwischen Gesellschaften aus dem
Erklärungsbereich der Dahrendorfschen Konfliktanalyse ausgeschlossen bleiben
(Niedenzu 2001)[1], indem soziale Konflikte eben nicht als solche behandelt würden. Hier widerspricht er u. a. Elton Mayo (1948), dem er eine „Psychologisie-
rung des Arbeiterverhaltens" (Dahrendorf 1965a, S. 43) zuschreibt.

Makrosoziologische Theorien stehen vor der Herausforderung, zwei grundle-
gende Aspekte menschlicher Vergesellschaftung zu integrieren: Erstens, das Phänomen der Stabilität, zweitens, das Phänomen des Wandels. Einerseits wird also
danach gefragt, wie sich soziale Ordnung perpetuiert, also die Frage gestellt, „wie
Gesellschaft sich als relativ stabiles System konstituiert und über die Zeit erhält"
(Niedenzu 2001, S. 171). Welche Werte und Normen, welche Rollen und Institutionen integrieren Gesellschaft? Welche gesellschaftlichen Systeme und Subsys-
teme werden hierzu ausgeprägt? Andererseits wird aber auch die Frage behandelt,
wie sich Gesellschaft *wandeln* kann. Bei Befassung mit dieser Frage steht nicht
die Betrachtung der Struktur der Gesellschaft im Vordergrund, sondern der *Pro-*
zess. Wie kann es zu Veränderungen von Gesellschaften kommen? In welcher Art

---

[1]Insofern ließe sie sich im Sinne von Merton (1957) als ‚Theorie mittlerer Reichweite'
beschreiben, also eine Theorie, die nicht den Anspruch hat, die ‚soziale Wirklichkeit' in
Gänze zu erklären (wie beispielsweise die Systemtheorie), sondern ausgewählte soziale
Zusammenhänge, eine Konvergenz aus Theorie und Forschung. Dahrendorf allerdings
steht dem Begriff der ‚Theorie der mittleren Reichweite' durchaus kritisch gegenüber, da
der Verdacht nahelege, es gäbe eine Trennung von soziologischer Theorie und soziologischer Empirie. Einer Auffassung, der er deutlich widerspricht: „Es gibt keine Theorie, die
sich von der empirischen Forschung trennen ließe, aber ebenso gilt natürlich das Gegenteil" (Dahrendorf 1968, S. 255). Dahrendorf versteht den Begriff der ‚Theorie mittlerer
Reichweite' eher als „einen Trostgedanken: Nimm`s nicht so schwer! Hab` keine schlaf-
losen Nächte, wenn du nicht allen Abstraktionen vergangener Meister, oder auch Parsons`,
folgen kannst! Es gibt hier und jetzt genug zu tun, die intelligente Analyse von Sozialforschung, die eindrucksvolle Erklärung systematischer Beobachtungen. Den Hunderten von
etwas verlorenen Dissertationsautoren konnte man nichts Ermutigenderes sagen als dass es
in Ordnung geht, wenn sie ihre Ziele nicht allzu hochstecken, sondern mit der mittleren
Entfernung zufriedengeben" (Dahrendorf 1994a, S. 94–95).

und Weise tragen gesellschaftsinterne Veränderungen, wie Arbeitsteilung, Mobilität, deviantes Verhalten oder gesellschaftsexterne Impulse wie Naturkatastrophen oder kriegerische Auseinandersetzungen zur Veränderung der Gesellschaft bei? Als die beiden zentralen Vertreter dieser beiden Richtungen makrosoziologischer Forschung benennt Dahrendorf (z. B. 1963, 1969[1958], 1972) einerseits, als Theoretiker der Stabilität, Talcott Parsons, und andererseits, als Theoretiker des Wandels, Karl Marx. Dahrendorf fordert – angesichts der Dominanz der strukturfunktionalistischen Theorie von Talcott Parsons – in den 1950er und 1960er Jahren insbesondere in der US-amerikanischen, aber auch der deutschen Soziologie, die „Wiederbelebung der Frage, wie denn aus geordneten sozialen Verhältnissen ungeordnete werden könnten, anders gesagt: wie sich sozialer Wandel erklären lasse" (Bonacker 1996, S. 65).

Zentrales Element der Konflikttheorie von Ralf Dahrendorf liegt in der Anerkenntnis der Normalität und nicht zuletzt der Produktivität – hier schließt er an Georg Simmel an – von sozialen Konflikten (Dahrendorf z. B. 1961, 1965c, 1968, 1972): „Der Gedanke mag unangenehm und störend sein, dass es Konflikt gibt, wo immer wir soziales Leben finden: er ist nichtsdestoweniger unumgänglich für unser Verständnis sozialer Probleme" (Dahrendorf 1968, S. 261). In seinen Untersuchungen zum sozialen Wandel geht Ralf Dahrendorf von vier Prämissen aus (Bonacker 1996; vgl. Dahrendorf 1961, 1969[1958], 1972, 1994b; Mey 1994):

1. Jede Gesellschaft unterliegt einem andauernden und allseits gegenwärtigen Wandel (Ubiquität des Wandels).
2. Jede Gesellschaft kennt soziale Konflikte (Ubiquität des Konflikts).
3. Jedes Gesellschaftsmitglied leistet einen Beitrag zur Veränderung der Gesellschaft (Ubiquität der Produktivität).
4. Jede Gesellschaft ist geprägt von Machtverhältnissen, in denen Mitglieder der Gesellschaft über andere Mitglieder Macht ausüben (Ubiquität der Herrschaft).

Mit diesen Annahmen beabsichtigt Dahrendorf nicht, das strukturfunktionalistische Gesellschaftsmodell von Talcott Parsons zu ersetzen, vielmehr strebt er eine Integration der gesellschaftlichen Stabilität und des gesellschaftlichen Wandels an. Dies wird im folgenden Abschnitt genauer thematisiert.

**4.2   Die Auseinandersetzung mit den
         Konfliktvorstellungen von Talcott Parsons und
         Karl Marx**

Entsprechend der im vorangegangenen Abschnitt dargestellten Prämissen weist
Dahrendorf das Stabilitätspostulat des Strukturfunktionalismus von Talcott Parsons zurück (Dahrendorf 1963, 1968, 1972). Damit geht er über die in den 1950er
und 1960er Jahren bestehende Kritik an Parsons hinaus, die sich primär gegen
die geringe Allgemeinverständlichkeit seiner Terminologie, die Komplexität des
von ihm gewählten Begriffsapparates „oder auch, allgemeiner, die Abstraktheit
und den angeblich fehlenden empirischen Bezug seiner systematischen Überlegungen" (Dahrendorf 1968, S. 234) gerichtet habe (vgl. auch Merton 1957).
Er formuliert entsprechend: „Das Dilemma der Theorie [des Strukturfunktionalismus; Anm. O. K.] liegt in dem Problem, wie das Element der Bewegung,
des Konflikts und Wandels auf der Ebene der analytischen Abstraktion wieder
in ihre Modelle eingeführt werden kann, d. h. wie theoretische Analyse dem
wesentlich prozessualen Charakter der sozialen Realität gerecht werden kann"
(Dahrendorf 1968 S. 238). Schließlich sei das implizierte Gesellschaftsmodell des
Strukturfunktionalismus „ein relativ stabiles System von Teilen, deren Funktion
in Bezug auf das System bestimmt ist" (Dahrendorf 1968, S. 239). Aufgrund seiner Grundhaltung, Konflikte als prinzipiell produktiv zu betrachten, widerspricht
Dahrendorf also deren Interpretation im Strukturfunktionalismus, in dem sie als
dysfunktional, also systemdestabilisierend, betrachtet würden (Dahrendorf 1968).
Das Konzept des Strukturfunktionalismus kann entsprechend der Ausführungen Dahrendorfs (1968) als ein Spezialfall gesellschaftlicher Utopie verstanden
werden. Die Konstrukteure von Utopien (und die Kritik an diesen zieht sich in
unterschiedlichen Bezugnahmen durch eine Vielzahl seiner Veröffentlichungen)
unterzögen sich erheblichen Mühen, „um ihr Publikum davon zu überzeugen,
dass in ihren Gesellschaften Konflikte über Werte oder institutionelle Arrange-
ments entweder unmöglich oder schlicht unnötig" (Dahrendorf 1968, S. 244)
seien. In diesen utopischen Gesellschaften sei – allem Anschein nach – die Ange-
nehmheit (alternativ Unangenehmheit) so vollkommen, dass es keinen Anlass zu
Streit gebe (was das Fehlen von Parlamenten, Streiks und Revolutionen erklärt).
Entsprechend könnten diese Gesellschaften allenfalls Kasten, jedoch keine Klas-
sengesellschaften sein. Die gesellschaftliche Harmonie ist hier omnipräsent und
in ihnen ablaufende Prozesse „folgen wiederkehrenden Mustern und vollziehen
sich innerhalb und als Teil des Plans des Ganzen" (Dahrendorf 1968, S. 245).
Dabei erscheint „Utopia in der Regel seltsam isoliert von allen anderen Gesellschaften (wenn von solchen überhaupt die Rede ist)" (Dahrendorf 1968, S. 245).

Entsprechend charakterisiert Dahrendorf (1968, S. 246) utopische Gesellschaften als „monolithische, homogene Gebilde, freischwebend nicht nur in der Zeit, sondern auch im Raum, abgesondert von der Außenwelt, die ja stets zu einer Bedrohung der gelobten Unbeweglichkeit ihrer Sozialstruktur werden könnte". Seine Kritik an der strukturell-funktionalen Theorie fasst Dahrendorf (1968, S. 274) konstitutiv für seinen Ansatz prägnant: „Nach der strukturell-funktionalen Theorie sind Konflikt und Wandel pathologische Abweichungen von der Norm des gleichgewichtigen Systems; für die hier gemeinte Theorie dagegen bezeichnen Stabilität und Starre die Pathologie der Gesellschaft". Das Buch ‚The Social System' von Talcott Parsons (1951) bezeichnet Dahrendorf als dessen zugleich „schlechtestes und wichtigstes Buch" (Dahrendorf 1963, S. 157), denn es sei „unzulänglich gegliedert, vielfach halb durchdacht, in jenem schaurigen Stil geschrieben, für den Parsons und mit ihm, da durch ihn die moderne Soziologie bekannt geworden sind" (Dahrendorf 1963, S. 157; siehe mehr zum Dahrendorfschen Parsons-Bezug bei Nollmann 1997). Trotz seiner Kritik an der strukturfunktionalistischen Theorie ist er – wie bereits angemerkt – nicht bestrebt, diese durch eine konflikttheoretische zu ersetzen, sondern durch eine konflikttheoretische Perspektive zu ergänzen, schließlich haben Gesellschaften sowohl die Tendenzen der Beharrung als auch des Wandels (Münch 2004).

Die Kritik Dahrendorfs an der Gesellschaftstheorie von Karl Marx gestaltet sich als ähnlich tief greifend. Zwar folgt er Marx, indem er den Konflikt für gesellschaftlich produktiv hält, lehnt aber den Gedanken einer Teleologie, also die Vorstellung es gäbe ein Ziel, einen Endpunkt gesellschaftlicher Entwicklung ebenso ab, wie die Annahme, alle sozialen Konflikte, die insbesondere aus Klassengegensätzen resultieren, auf ökonomische Verhältnisse zurückführen zu können (Dahrendorf 1952, 1961, 1968, 1969[1958], 1971, 1972, 1994b). Bereits in seiner Dissertation über Marx stellte er in der Begründung seiner Forschungsfrage fest: „Die Geburt des Kommunismus erscheint hier [in seiner Unvermeidbarkeit; Anm. O. K.], gleichsam als das Werk von Naturgewalten oder von göttlicher Vorhersehung; und oft schon ist die Frage gestellt worden, welchen Raum dieser ‚unvermeidliche' Prozess für den Menschen, sein Handeln und seine Ziele noch ausspart" (Dahrendorf 1952, S. 13). Damit zeigt er ein Argumentationsmuster, das seine späteren Arbeiten durchzieht: Der Mensch (im Singular) ist Ausgangspunkt seiner Überlegungen. Damit steht er in Opposition zum Denken von Karl Marx, für den der Mensch „in einem sehr radikalen Sinn gesellschaftliches Wesen" (Dahrendorf 1952, S. 65) ist. Das Menschenbild von Marx sei von der Annahme geprägt, dass „das Wesen [des Menschen; Anm. O. K.] selbst […] für Marx relativ ist" (Dahrendorf 1952, S. 65). Dieses bedeutet auch: „[D]er Mensch ist ein anderer in der Antike, ein anderer im Mittelalter, ein anderer in der bürgerlichen

Gesellschaft" (Dahrendorf 1952, S. 65). Daraus ergibt sich auch ein Gerechtigkeitsverständnis bei Marx, das abhängig von den jeweiligen gesellschaftlichen
Verhältnissen ist (so werde in einer kapitalistischen Gesellschaft das Privateigen-
tum gerecht; Dahrendorf 1952). Eine Ausnahme bildet dabei der Kommunismus,
da dieser die finale und damit auch die gerechte Welt darstellt, ist dieser Begriff
der gerechten kommunistischen Gesellschaft nicht nur relativ, sondern absolut
(Dahrendorf 1952). Das, „was die kommunistische Gesellschaft gerecht macht,
ist begrifflich gefasst, ein Begriff des Gerechten" (Dahrendorf 1952, S. 161),
schließlich sei in dieser Gesellschaft, „alles, was sie [die Menschen; Anmerkung
O. K] auf Grund ihrer Natur als Menschen von der Gesellschaft überhaupt verlangen können, erfüllt" (Dahrendorf 1952, S. 162). Für Dahrendorf bleiben jedoch
zwei wesentliche Fragen an das Marxsche Verständnis der Gerechtigkeit offen:
„Wie ist Marx, auf der Grundlage seines ‚Materialismus‘, die Erkenntnis der
Absolutheit der kommunistischen Gesellschaft möglich? Können die Marxschen
Prinzipien die Behauptung, die kommunistische Gesellschaft sei total gerecht,
rechtfertigen?" (Dahrendorf 1952, S. 164).

Trotz seiner intensiven Kritik an Marx konstatierte er, Marx habe „vielfach
einleuchtend auf die Misswirkungen der Herrschaftsstruktur der kapitalistischen
Gesellschaft seiner Zeit hingewiesen. Auch hat seine Analyse des Klassen-
charakters des Staates viel für sich" (Dahrendorf 1968, S. 330; zur Marxschen
Klassentheorie siehe Mattick 2002). Hier greift er auf eine Folgerung aus seiner
Marx-Dissertation zurück: „Man kann sozialwissenschaftliche Begriffe, Hypothesen und Vorhersagen anerkennen, ohne seine spekulative Geschichtskon-
zeption zu akzeptieren; und der Versuch ist sinnvoll, sie durch experimentelle
Sozialwissenschaften zu unterstützen" (Dahrendorf 1952, S. 166). Historisch
hält er die Annahmen – seiner wissenschaftstheoretischen Grundposition des kritischen Rationalismus (siehe Kap. 3) folgend – des Klassenkampfansatzes von
Karl Marx für widerlegt: Das von Marx prognostizierte Aufeinanderprallen der
Klassen in einem Klassenkampf sei infolge der Differenzierung von Klassengren-
zen als Konsequenz eines allgemein steigenden Wohlstandes, einschließlich der
Entstehung der von Marx nicht vorhergesehenen ‚Dienstklasse‘ der „Angestell-
ten- und Beamtenschaft" (Dahrendorf 1972, S. 137), insbesondere auch zuneh-
mender räumlicher wie insbesondere sozialer Mobilitätschancen, ausgeblieben
(Dahrendorf 1961, 1972). So konstatiert Dahrendorf (1980a, S. 36): „Mir scheint
vielmehr, dass ihn [Karl Marx; Anm. O. K.] die Erfahrungen der Französischen
und der Industriellen Revolution (wobei letztere ein zweifelhaftes Exemplar
ihrer Gattung ist) geblendet haben und er daher die Fähigkeit unterschätzt hat,
sich ohne Drama zu wandeln". Dieses Problem versuchen die Anhänger der neomarxistischen Perspektive durch immer neue definitorische Verlängerungen der

kapitalistischen Epoche zu umgehen: Bis zur Revolution „mag der ‚Frühkapita-
lismus' zum ‚Hochkapitalismus', ja zum ‚Spätkapitalismus' oder auch ‚Staatska-
pitalismus', sogar zum ‚Staatsmonopolkapitalismus' werden, so bleibt er immer
Kapitalismus" (Dahrendorf 1994b, S. 18). Eine wirkliche Veränderung aus Perspektive des Neo-Marxismus könne nur dann eintreten, wenn es eine Revolution,
unter der Dahrendorf (2004, S. 19) eine „rasche Zirkulation der Eliten zugleich
mit der radikalen Transformation von Regimes" versteht, gäbe. Die ist bis dato
ausgeblieben (Dahrendorf 1994b). Dieses Warten auf die Revolution charakterisiert Dahrendorf (1987, S. 83) als „Schlüssel zum Denken der Linken" (in
besonderer Weise der neomarxistischen), das vom „Traum von einer qualita-
tiv anderen Welt, dem Sozialismus" (Dahrendorf 1987, S. 83), geprägt sei, was
zu einer mangelnden Offenheit führe, „allmähliche Wandlungen als relevant zu
akzeptieren. In dieser Hinsicht zumindest ist die marxistische Linke ihrem Meister und seiner hegelischen Verflechtung treu geblieben" (Dahrendorf 1987, S. 83).
Die „Verschmelzung von Politik und Ökonomie" (Dahrendorf 1992, S. 60), die
Marx benötigte, „um den unaufhaltsamen Marsch der Geschichte begründen zu
können; [wobei] aber er […] sich nicht auf viel Geschichte berufen [konnte]"
(Dahrendorf 1992, S. 60), dominiert noch heute die neo-marxistischen Dis-
kurse und wird beispielsweise sowohl bei der Einrichtung einer Public-private-
Partnership auf kommunaler Ebene, oder auch bei der Interessensvertretung von
Wirtschaftsverbänden bei der Gesetzgebung aktualisiert. Darüber hinaus stellt
Dahrendorf fest, „dass sich Kapital und Arbeit – will sagen: die organisierte
Arbeit, die Organisationen der Arbeiter – heute nicht selten auf derselben Seite
des Zaunes finden" (Dahrendorf 1980a, S. 38; vgl. auch Dahrendorf 1965e). Sozi-
ale Gegensätze entwickeln sich heute in der Regel nicht mehr zwischen ‚Arbei-
tern' und ‚Kapital', sondern zwischen organisierten Arbeitern und unorganisierten
Kleinunternehmern, zwischen transnational agierenden Konzernen und ihren
regional rekrutierten Zulieferern etc. Eine andere Widerlegung der Marxschen
Geschichtsphilosophie erkennt Dahrendorf (1994a, S. 73) in Max Webers ‚Pro-
testantischer Ethik': „Nicht die neuen Produktivkräfte der Technik und sozialen
Organisation führten zur Erosion der alten Produktionsverhältnisse und entfern-
ten eine Klasse von der Macht, die ein berechtigtes Interesse an ihrer Aufrechter-
haltung hatte, sondern ein sich ausbreitender neuer ‚Geist', der das menschliche
Handeln in bis dahin ungekannte Bahnen lenkte". Auch in einem anderen Aspekt
konstatiert Dahrendorf das „Versagen des Marxismus bei der Erklärung des
Nationalsozialismus" (Dahrendorf 1968, S. 287), schließlich ließe „sich schwer
argumentieren, dass der Erfolg der Nazis der Sieg einer unterdrückten Klasse"
(Dahrendorf 1968, S. 287) sei. Entsprechend den Überlegungen zur mangelnden
Erklärungsfähigkeit marxistischer Weltdeutung sieht Kersting (2009, S. 150) in

der aktuellen „Kapitalismuskritik des Neoliberalismuskritikers" eine Abkehr von
diesen Denkmodellen, denn diese Kritik sei „nicht wie die von Karl Marx und
Friedrich Engels auf Wirtschaftstheorie und Geschichtsphilosophie [gebaut], sondern auf Moral" (Kersting 2009, S. 150).

Was er am Marxschen Denken für verfolgenswert hält (und in seinen späteren
Schriften immer wieder darauf zurückkommt; siehe z. B. Dahrendorf 1971) sind
der Begriff der Klasse (den er gegen Alternativen der Interpretation der Gesellschaft z. B. als Schichtgesellschaft immer wieder verteidigt) wie auch die daraus
hervorgehenden Annahmen (hier insbesondere von Konflikten zwischen Klassen; siehe insbesondere die folgenden beiden Abschn. 4.3 und 4.4). Ein weiterer Bezug zu Marx, den er immer wieder aktualisierte, ist aber auch die These
der Deriviertheit von Ideen, also deren Abhängigkeit von historischen Zustän-
den. Darüber hinaus hält er die „Hypothese der Logik sozialer Veränderungen"
(Dahrendorf 1971, S. 166) für gewinnbringend für die Forschung und nutzt diesen Grundgedanken als Ausgangspunkt seiner Konflikttheorie, die nun im Folgenden vorgestellt werden soll.

4.3   Herrschaft und Konflikt

Den Antagonismus als Ursache gesellschaftlicher Konflikte, der für Marx im
Bereich ökonomischer Verhältnisse lag, verlagert Dahrendorf, wie schon vor ihm
Max Weber (1972 [1922]), in den Bereich der Herrschaft (Bonacker 1996). Herrschaft habe – so stellt er bereits Mitte der 1960er Jahre fest – „für die, die sie
haben oder einmal hatten, eine seltsame Faszination" (Dahrendorf 1965c, S. 245).
Der Wettbewerb um Herrschaft „macht Menschen erfinderisch. Immer gehören zu ihr Ideologien der Legitimität, die die Tradition, die göttliche Gnade oder
auch das Recht bemühen, um der Etablierung der Herrschenden nachzuhelfen"
(Dahrendorf 1965c, S. 245). Nicht das Bemühen um Herrschaft, sondern diese
selbst bestimmt Dahrendorf (1972) anhand folgender Merkmale:

1. Herrschaft definiert das Verhältnis von Unter- und Überordnung von einzelnen
   Menschen, aber auch von sozialen Mengen.
2. Von den Übergeordneten (ob als Einzelner oder in der Menge) wird gesellschaftlich erwartet, das Verhalten des untergeordneten Teils der Gesellschaft
   zu kontrollieren (z. B. durch Warnungen, Befehle, Anordnungen und Verbote).
3. Da diese Erwartung an die soziale Position und nicht an die Person geknüpft
   ist, die diese Position innehat, bezeichnet sie ein „institutionalisiertes Verhältnis zwischen Einzelnen bzw. Mengen" (Dahrendorf 1972, S. 33).

4. Im Gegensatz zu Macht ist Herrschaft spezifischer: Sie beinhaltet keine absolute Kontrolle über andere, sondern „ist stets auf bestimmte Inhalte und angeb-
   bare Personen begrenzt" (Dahrendorf 1972, S. 33).
5. Werden Vorschriften nicht befolgt, wird dies – infolge von Herrschaft – sanktioniert, denn über die Effektivität von Herrschaft wacht „ein Rechtssystem
   (bzw. ein System quasi-rechtlicher Normen)" (Dahrendorf 1972, S. 33).

Im vierten Punkt fokussiert Dahrendorf die stärkere Eingeschränktheit von Herrschaft zu Macht, sie ist eine bestimmte inhaltlich wie personell definierbare Teil-
menge von Macht (Leipertz 2002). Rund zehn Jahre später pointiert Dahrendorf
seine Machtkritik: „Macht ist nie gut […]. Aber sie ist umso erträglicher, je kla-
rer es ist, wo die Quellen der Initiative und wo die Quellen der Kontrolle liegen"
(Dahrendorf 1983b, S. 69). Damit verbindet er die Transformation von (undif-
ferenzierter) Macht zu Herrschaft. Herrschaft bedeutet nach diesem Verständnis
„die Befugnis zur Normerzwingung (Jurisdiktion), der Normanwendung (Exekutive) und Normsetzung (Legislative)" (Niedenzu 2001, S. 180; Dahrendorf 1968)
und nimmt damit Bezug auf die Montesquieusche Gewaltenteilung als Voraussetzung für einen liberalen Rechtsstaat. Auch wenn das Dahrendorfsche Herrschafts-
verständnis damit stark auf eine rechtsstaatliche Moderne bezogen sein mag,
erkennt er auch in weniger differenzierten Gesellschaften herrschaftliche Beziehungen, weswegen er auch von der Ubiquität von Herrschaft (und nicht allein von
Macht) ausgehen kann. Auch wenn der Dahrendorfsche Herrschaftsbegriff sehr
eng an jenem von Max Weber geführt ist, befasst sich Dahrendorf in weitaus aus-
führlicherer Weise mit den Folgen von Herrschaft: Normen, Rollen, Sanktionen
wie auch die soziale Schichtung der Gesellschaft bezieht Dahrendorf auf Herrschaft (siehe Matys, Brüsemeister 2012).

Den Utopismus einer konfliktfreien Gesellschaft kritisiert er nicht nur in dem
Strukturfunktionalismus von Talcott Parsons, sondern auch bei dem idealisierten
Endzustand einer herrschaftsfreien Gesellschaft bei Karl Marx: „Wenn keine Nor-
men gesetzt, verändert, auch aufgehoben werden, dann erstarren soziale Strukturen im Gefängnis der Tradition, von der es zumindest zweifelhaft sein muss, ob
sie wirklich allen neuen Situationen gewachsen ist" (Dahrendorf 1968, S. 330).
Dieser Konservatismus bedeutet neben der Transformation von Herrschaft in der
Verwaltung eine „Stabilisierung der Gesellschaft in dem Zustand, in dem zuletzt
Normen gesetzt wurden" (Dahrendorf 1968, S. 330). Ein Dutzend Jahre später
stellt er knapp fest: „Utopia ist immer illiberal, denn es lässt keinen Raum für Irrtümer und Korrektur" (Dahrendorf 1980a, S. 88).

Herrschaft beschränkt sich nicht auf den politischen Bereich, sondern auf ein wesentliches Strukturelement wirtschaftlicher Tätigkeit, denn „Organisations-strukturen, Arbeitsbedingungen, Lohnverhältnisse und selbst technische Anlagen [sind] *Herrschaftsinstrumente*" (Dahrendorf 1959a, S. 61; Hervorh. im Orig). Durch diese Instrumente „versucht das Management die Integration des Betriebs zu erzwingen" (Dahrendorf 1959a, S. 61) und ein Protest gegen die geschaffenen Verhältnisse bedeutet implizit auch „ein Protest gegen die ihnen zugrundeliegen-den Herrschaftsverhältnisse" (Dahrendorf 1959a, S. 61). Mit Herrschaft verbindet sich stets ein zumindest latenter Interessengegensatz, „der die Manifestierung in offenem Gruppenkonflikt direkt motiviert und somit das Potential für jenen struk-turellen Wandel beinhaltet, den die Konfliktaustragung zur Folge hat" (Lamla 2005, S. 213). Welche Bedeutung Dahrendorf dem Themenkomplex der ‚Herr-schaft' in der Gesellschaft und der Erforschung derselben einräumt, wird anhand der Aufgabenbeschreibung von Soziologie als „die Analyse der durch Herrschaft begründeten Strukturen" (Dahrendorf 1968, S. 61) deutlich.

Die Ursache von Konflikten – und hier geht er weit über die ökonomistische Sichtweise von Karl Marx hinaus – sieht Dahrendorf (1957) im Antagonismus zwischen Kräften der Persistenz und der Progression: Also der Teilung von Grup-pen, „die sozusagen ein Interesse am Bestehen der Ordnung oder ein progressives Interesse am Wandel der Ordnung haben" (Bonacker 1996, S. 67). In der sozial differenzierten Gesellschaft verlieren also die großen, die Gesellschaft spaltenden Klassenkonflikte zunehmend an Bedeutung und werden durch diversifizierte Inte-ressenkonflikte kleinerer gesellschaftlicher Teilmengen abgelöst. Diese Konflikte zielen nicht mehr auf einen fundamentalen Umsturz des Gesellschaftssystems (wie es Marx postuliert hatte), sondern vollziehen sich im Rahmen einer – einen freien Tausch auf dem Markt ermöglichenden – marktwirtschaftlichen Angebots-struktur sowie einer – politische Mitbestimmung sichernden – parlamentarisch-demokratischen Anrechtsstruktur (Dahrendorf 1994b). Diese „Bürgergesellschaft" (Dahrendorf 1994b, z. B. S. 44; siehe genauer Abschn. 8.4) hat zwar zum Aus-gleich und der Differenzierung ehemaliger Klassengegensätze geführt, doch bleiben diese prinzipiell erhalten, auch wenn ihre Regelung in den Grenzen des gesellschaftlichen Systems vollzogen wird: „Es gibt soziale Gegensätze, die zu politischen Konflikten führen. Doch statt zunehmend gewaltsam und zerstörerisch zu werden, sind diese Konflikte von Organisationen und Institutionen gebändigt worden, durch die sie innerhalb der verfassungsmäßigen Ordnung Ausdruck fin-den können. Politische Parteien, Wahlen und Parlamente machen Konflikte ohne Revolution möglich" (Dahrendorf 1994b, S. 162). Damit wird in der Demokratie „Rechtmäßigkeit über die Zustimmung des Volkes oder zumindest über das Feh-len einer mehrheitlichen Ablehnung definiert" (Dahrendorf 2007b, S. 29).

Nach Dahrendorf (z. B. 1994b, S. 161) ist der in dieser Art demokratisch transformierte soziale Konflikt in einem „demokratischen Klassenkampf" – geregelt von Institutionen – unumgänglich für eine gewaltlose Modernisierung der Gesellschaft. Voraussetzung hierfür ist, was Dahrendorf (1994b, S. 92) „das demokratische Minimum" nennt, das sich aus zwei Prozessen zusammensetzt: „Der eine besteht in der Eingabe der Meinungen und Interessen des Volkes in das politische System, der andere in der Kontrolle der Herrschenden und ihrer Verwaltung" (Dahrendorf 1994b, S. 92). An dieser Stelle tritt bei Dahrendorf – so Bonacker (1996, S. 68) – neben „seiner theoretischen Frontstellung gegen integrationistische Theorien" auch seine „politische Präferenz für ein liberales Gesellschaftsmodell" zutage: „Konflikte bedeuten für ihn die institutionalisierte Chance, anderer Meinung zu sein oder sich im Streit über die Legitimation von Herrschaft zu befinden" (Bonacker 1996, S. 68), eine Position, die sich bereits in der Behandlung seines wissenschaftlichen Weltbildes abzeichnete (siehe Kap. 3). Konflikt ist also für Ralf Dahrendorf – sofern in allgemein akzeptierten institutionellen Grenzen ausgetragen – ein Mittel des Schutzes illegitimer Herrschaftssicherung im Politischen, unhinterfragter Dogmen im Wissenschaftlichen und im Ökonomischen, ein Mittel der Sicherung des technischen Fortschritts und der Erhaltung einer effizienten Herstellung von Gütern und Dienstleistungen (womit er den Vertretern eines wirtschaftlichen Liberalismus folgt).

4.4 Die Ausprägung von und der Umgang mit Konflikten

Die Konflikttheorie Ralf Dahrendorfs zielt – wie bereits oben dargestellt – nicht auf individualpsychologische oder intergesellschaftliche Konflikte, sondern auf intragesellschaftliche Konflikte. Hierbei fokussiert er insbesondere jene Konflikte zwischen Gesellschaftsteilmengen, zwischen denen Rangunterschiede bestehen. Insofern lässt sich die Konflikttheorie Dahrendorfs auch als „Herrschafts-Organisations-Theorie" (Niedenzu 2001, S. 176) beschreiben, da sie einerseits einen die in Konflikt liegenden Gesellschaftsteile verbindenden Herrschaftskontext, andererseits die Organisiertheit der widerstreitenden Parteien voraussetzt. Die von der Konflikttheorie Dahrendorfs erfassbaren Konflikte lassen sich neben ‚klassischen' Konflikten, wie dem Verhältnis von Regierung zu Opposition oder Freien zu Sklaven auch auf Konflikte innerhalb gesellschaftlicher Teilmengen (Dahrendorf spricht hier von ‚Sektoren') anwenden. Diese Konflikte innerhalb gesellschaftlicher ‚Sektoren' können in dem Verhältnis von Arbeitgeberverbänden zu Gewerkschaften, heute von Strom-Übertragungs-Netzbetreibern zu Bürgerinitiativen oder

Wohnungsbaugesellschaften zu Mieterverbänden (Dahrendorf 1972, 1984; Niedenzu 2001) beschrieben werden.

Allgemein wohnt Konflikten – so Dahrendorf (z. B. 1957, 1972, 1979) – stets das Streben nach und die Behinderung von Lebenschancen inne. Da das Thema des Dahrendorfschen Lebenschancenverständnisses an späterer Stelle ausführlicher behandelt wird (siehe Kap. 8), sei dieses Konzept hier nur kurz angerissen. Unter Lebenschancen versteht Ralf Dahrendorf (2007a, S. 44) „zunächst Wahlchancen, Optionen. Sie verlangen zweierlei, Anrechte auf Teilnahme und ein Angebot von Tätigkeiten und Gütern zur Auswahl", diese Wahlchancen müssen mit einem Sinn verbunden sein. Dahrendorf (1979, S. 24) fasst das Konzept bildhaft: „Lebenschancen sind die Backformen menschlichen Lebens in Gesellschaft; sie bestimmen, wie weit Menschen sich entfalten können". Insbesondere bei Klassenkonflikten wird die Lebenschancenfrage virulent: Hier werden „die Möglichkeiten der Einen (der ‚Beherrschten', der ‚Abhängigen') durch die Entscheidungen Anderer (‚der Herrscher') entscheidend vorstrukturiert" (Niedenzu 2001, S. 178).

Die Entfaltung von Konflikten verläuft in drei Phasen, die sich – so Dahrendorf (1972) – nicht allein auf Klassenkonflikte beschränken, sondern in allen Formen sozialer Konflikte auftreten: die strukturelle Ausgangslage, die Bewusstwerdung latenter Interessen und die Phase ausgebildeter Interessen.

- Die erste Phase ist von der Entstehung der strukturellen Ausgangslage bestimmt: Es entstehen Teilmengen in der Gesellschaft, die als ‚Quasi-Gruppen' bezeichnet, soziale Aggregate darstellen, deren Träger soziale Positionen mit gleichen latenten Interessen innehaben (Dahrendorf 1972; Niedenzu 2001). Dahrendorf versteht dabei unter ‚latenten Interessen' „alle positionsbedingten Verhaltensorientierungen (Rollen-Erwartungen), die eine Gegensatzbeziehung zwischen zwei Aggregaten von Positionen begründen, ohne den Trägern der Positionen notwendig bewusst zu sein" (Dahrendorf 1957, S. 204). Die ‚strukturelle Ausgangslage' beschreibt letztlich eine ‚objektive' gesellschaftliche Struktur (womit dieses Verständnis sehr dem Marxschen Begriff der ‚Klasse an sich' ähnelt), die Personen bestimmte gesellschaftliche Positionen zuweist, ohne dass diese Positionen den jeweiligen Personen bewusst wären (siehe auch Niedenzu 2001).
- Eine ‚Bewusstwerdung der latenten Interessen' erfolgt in der zweiten Phase der Bildung von Konfliktgruppen, diese Gruppenbildung ist mit einer zunehmenden Präsenz nach außen gekoppelt, denn „jeder soziale Konflikt drängt nach außen, zum sichtbaren Niederschlag" (Dahrendorf 1972, S. 36). Voraussetzung für eine erfolgreiche Artikulation gemeinsamer Interessen sind

bestimmte institutionelle Bedingungen: wie einerseits die Möglichkeit „der systematischen Rekrutierung von Menschen zu Quasi-Gruppen" (Niedenzu 2001, S. 183), aus denen sich dann permanente Interessengruppen entwickeln können, oder andererseits die Möglichkeit zur Kommunikation als Voraussetzung einer überindividuellen Kommunikation. Ferner muss die Möglichkeit einer gemeinsamen programmatischen Ausrichtung, einer internen Leitungsebene, der Generierung einer ökonomischen Basis als einer Selbstdarstellung nach außen bestehen und insbesondere im politischen Kontext die Koalitionsfreiheit und das Recht zum Aufbau sowie der Aufrechterhaltung von Interessensvertretungen (Dahrendorf 1957; Niedenzu 2001) gegeben sein. Weniger abstrakt gesprochen: Interessensgruppen müssen in der Lage sein, eine interne Leitung zu bestimmen (etwa einen Gewerkschaftsvorstand), die eine Position erarbeitet (z. B. in Abgrenzung zu den Interessen von Unternehmern), sie müssen finanzielle Mittel (z. B. durch Beiträge) generieren und für die eigenen Zwecke einsetzen können, sich beispielsweise durch Internetpräsenz, Zeitungsinterviews und Flugblätter an die Öffentlichkeit und durch Gesprächswünsche an politische Entscheidungsträger wenden können.

*   In der dritten Phase des Konflikts tritt dieser, getragen von den beiden organisierten Konfliktparteien „mit sichtbarer eigener Identität" (Dahrendorf 1972, S. 36), offen zutage. Die große Bedeutung der Sichtbarkeit verdeutlicht Dahrendorf (1994b, S. 235): „Reale Konflikte sind immer auch sichtbare Konflikte". Dabei geht Dahrendorf davon aus, dass Konflikte stets durch zwei Parteien getragen werden, da sich im Konfliktfalle alle potenziellen Konfliktparteien zu zwei dichotomen Lagern zusammenschlössen (Dahrendorf 1972). Unterschiedliche Interessenlagen in den Lagern würden dann in Form von Binnenkonflikten ausgetragen (Dahrendorf 1972).

Die Variationsmöglichkeiten von Konflikten unterscheidet Dahrendorf (1972) nach der ‚Intensität‘ und ‚Gewaltsamkeit‘. Die Intensität bezeichnet dabei die soziale Relevanz, die sich aus dem Umfang der Teilnahme potenziell vom Konflikt betroffener Quasi-Gruppen ergibt: „sie ist hoch, wenn für die Beteiligten viel davon abhängt, wenn also die Kosten der Niederlage hoch sind" (Dahrendorf 1972, S. 38; ähnl. Dahrendorf 1965a). Der Grad der ‚Gewaltsamkeit‘ reicht von einer unverbindlich geführten Diskussion bis zum Weltkrieg. Dabei können sich Konfliktbereiche auch überlagern: Politisch minderer Einfluss kann mit ökonomischer Benachteiligung und religiöser Herabsetzung verkoppelt sein, wodurch die Konfliktintensität wie auch die Gewaltsamkeit wachsen (z. B. die ‚Polenaufstände‘ Ende des 19. Jahrhunderts im Ruhrgebiet, der Nordirlandkonflikt, die Konflikte um Syrien-Flüchtlinge; Dahrendorf 1968; vgl. auch Niedenzu 2001).

Die Intensität von Konflikten kann auch innerhalb einer Gesellschaft deutlich variieren, wie Dahrendorf (2004, S. 47) am Beispiel von Multikulturalität verdeutlicht: „Die Vorzüge des Lebens in einer multikulturellen Gesellschaft sind erfreulicher für diejenigen, die sich in ihr Landhaus oder auch nur ihr eigenes Penthouse in der Stadt zurückziehen können, als für Menschen in gedrängten Siedlungen oder Wohnblöcken des sozialen Wohnungsbaus", in denen Konflikte um substanzielle Lebenschancen (z. B. um wenige, schlecht bezahlte Jobs) auf der Tagesordnung stehen.

Zwar begreift Dahrendorf Konflikte grundsätzlich als Triebkräfte der Weiterentwicklung der Gesellschaft, doch verkennt er dabei nicht, dass Konflikte potenziell eine systemdestabilisierende und gesellschaftsgefährdende Kraft entfalten können. Insofern gilt sein Interesse auch der Frage, wie mit sozialen Konflikten verfahren werden kann, sodass sie nicht zu einem destruktiven Ergebnis führen. Drei prinzipielle Möglichkeiten des Umgangs mit Konflikten werden von ihm benannt, wovon er zwei verwirft (Dahrendorf 1972):

1. Die Unterdrückung von Konflikten. Diese hält er für unwirksam, da damit weder der Konfliktgegenstand noch dessen Ursache beseitigt wären, im Gegenteil, wenn die Konfliktgruppen in ihrer Bildung behindert würden, nähme die Virulenz des Konfliktes zu, bis er schließlich eruptiert (als ein Beispiel hierfür kann der Zusammenbruch des sozialistischen Regimes in Ostmittel- und Osteuropa gelten; näheres siehe Abschn. 9.1; Dahrendorf 1992; vgl. auch Kühne 2003).
2. Die Lösung von Konflikten. Auch dieses Bemühen, der Beseitigung der sozialen Gegensätze, hält er für nicht umsetzbar, da dies die Beseitigung gesellschaftlicher Unter- und Überordnungsverhältnisse bedeute, die jedoch – wie weiter vorne gezeigt – jeder Gesellschaft immanent sind. Die Gefahr des Versuchs einer Konfliktlösung verdeutlicht Dahrendorf (1972, S. 41) eindringlich: „Wer versucht, Konflikte für immer zu lösen, gerät […] bald in die gefährliche Situation, unter Anwendung von Gewalt den Eindruck zu erwecken, dass ihm jene ‚Lösung' gelungen ist, die ihm der Natur der Sache nach nicht gelingen konnte".
3. Die Regelung von Konflikten. Dieser von ihm favorisierte Umgang mit Konflikten, verbunden mit dem Ziel, diese für die Entwicklung der Gesellschaft nutzbar zu machen, basiert auf vier Voraussetzungen: Erstens, die Konfliktgegensätze müssen als berechtigte Dimension der Normalität anerkannt werden, nicht etwa als ein normwidriger Zustand. Zweitens, die Konfliktregelung bezieht sich auf die Ausprägungen des Konfliktes, nicht auf dessen Ursachen. Drittens ist die Effizienz der Konfliktregelung durch den Grad der

Organisiertheit der Konfliktparteien positiv beeinflussbar. Viertens ist der Erfolg der Konfliktregelung durch die Einhaltung von bestimmten Regeln abhängig, die keine der konfligierenden Parteien bevorteilen dürfen, die Konfliktparteien müssen also als gleichwertig betrachtet werden (d. h. es müssen bestimmte zuvor festgelegte Verfahrensregeln eingehalten werden). In diesem Kontext weitet Dahrendorf (1972, S. 44; vgl. auch Dahrendorf 1959a) die klassisch-liberalen Aufgabenzuschreibungen an den Staat (siehe hierzu Genaueres in den Kap. 7 und 8) aus: „Möglicherweise liegt in der rationalen Bändigung sozialer Konflikte eine der zentralen Aufgaben der Politik"[2]. Diese Aufgabenzuschreibung resultiert aus dem klassisch-liberalen Gesellschaftsverständnis, das Dahrendorf (1991, S. 385) als „Freiheit unter dem Schutz des Gesetzes" beschreibt.

Durch eine solchermaßen vollzogene Konfliktregelung verschwinden die Konflikte nicht, aber ihre potenzielle Destruktivität wird für einen gesellschaftlichen Fortschritt mobilisiert. Angesichts eines solchen Verständnisses von Konflikt konstatiert Dahrendorf (1972, S. 7) die positiven Wirkungen von Konflikten in einer freien Gesellschaft: „Freie Gesellschaft ist gestatteter, ausgetragener, geregelter Konflikt, der schon durch diese Merkmale das Grundniveau der Lebenschancen ansetzt, als alle Spielarten der Unfreiheit es könnten". Somit weist Dahrendorf (1972, S. 44–45) Demokratie und Totalitarismus im Umgang mit Konflikten zwei polare Positionen zu: „Der Totalitarismus beruht auf der (oft als ‚Lösung' ausgegebenen) Unterdrückung, die Demokratie auf der Regelung von Konflikten". Später entspringt dieser Grundüberlegung eine etwas lakonische Definition: „Demokratie ist vor allem eine Nachfolgeregelung, die im günstigsten Fall zu raschen Wachablösungen ohne Blutvergießen und selbst unnötig böses Blut führen kann" (Dahrendorf 1995a, S. 58).
  Infolge seiner grundsätzlichen Schätzung von (geregelt ablaufenden) Konflikten äußert er Unverständnis über die immer geringer werdenden geduldeten Meinungsunterschiede in ‚liberalen' Gesellschaften, in denen „der Kampf für die Durchsetzung der eigenen Interessen als unfein [gilt]. Im Konflikt sehen viele daher vorzugsweise nicht die eigentliche Wirklichkeit, sondern die Krankheit der anderen" (Dahrendorf 1972, S. 20). Eine solche Einstellung entbehrt nicht einer

---

[2]Eine solche Aufgabenzuschreibung setzt jedoch voraus, dass der Staat selbst nicht Konfliktpartei ist. Gerade in den aktuellen (sich räumlich manifestierenden) Konflikten, von der Energiewende bis zur Flüchtlingspolitik, ist er jedoch Konfliktpartei. Dies erschwert die Suche nach einer ‚schlichtenden Instanz'.

Gefahr, da die Gewaltsamkeit dann steigt, wenn ein System zu ihrer rationalen Regelung fehle (Dahrendorf 1972). Die Unterdrückung von Konflikten verringert darüber hinaus die Effizienz gesellschaftlichen Handelns, denn die „Kosten des Irrtums wachsen dann, wenn die vorherrschende Auffassung und ihre Träger nicht angefochten und, falls nötig, ersetzt werden können. Die Kosten des Irrtums werden dadurch gering gehalten, dass die Möglichkeiten des Wandels in die Institutionen von Staat, Wirtschaft und Gesellschaft eingebaut" (Dahrendorf 2004, S. 261) werden.

Dahrendorf zieht – wie gezeigt – der gewaltsamen Beendigung von Arroganz der Macht, der Missachtung menschlicher Bedürfnisse und der Unterdrückung in Form von Revolutionen die durch gemeinsame Spielregeln geordnete Regelung von Konflikten vor. Entsprechend bezeichnet er Revolutionen als „bittersüße Momente der Geschichte". Kurz flackere Hoffnung für „Chancen, die ein altes Regime unterdrückt hat" (Dahrendorf 1994b, S. 14) auf, „die alsbald in Enttäuschung und neuen Missständen erstickt" (Dahrendorf 1994b, S. 13; wie beispielsweise bei den Revolutionen von 1789 in Frankreich oder 1917 in Russland). Die Hoffnungen auf eine ‚bessere Welt' werden in diesem Prozess in ein Terrorregime konvertiert, woraus die Frage entsteht, „warum überhaupt jemand Revolutionen will. Nun ist nicht sicher, dass es viele gibt, dass es viele gibt, die sie wollen; für die meisten wird die willkommene Unterbrechung der Alltagsroutine aufgewogen durch Angst und düstere Vorahnungen" (Dahrendorf 1994b, S. 14). Alles in allem seien Revolutionen „keine Zeiten, die man irgendjemandem wünschen möchte" (Dahrendorf 1980a, S. 37; vgl. auch Dahrendorf 1980c).

Quintessenz zu Kap. 4: Neben seiner Rollentheorie (Kap. 6 und 7) gehört die Konflikttheorie Dahrendorf zu den Klassikern soziologischer Theoriebildung. Sie stellt einen dritten Weg zwischen der ‚Revolutionsfixiertheit' von Marx und der ‚normativen gesellschaftlichen Stabilität' von Parsons dar. Aus seiner Perspektive sind gesellschaftliche Konflikte nicht nur normal, sondern eine Bedingung für gesellschaftliche Entwicklung. Diese Funktion können sie jedoch nur dann erfüllen, wenn sie institutionell geregelt und nicht unterdrückt werden oder sich unkontrolliert in Form von Revolutionen entladen. Das gesellschaftliche System, das institutionell den Umgang mit Konflikten regelt, ist für Dahrendorf – wie in Kap. 7 und 8 genauer dargelegt wird – die liberale Demokratie.

Dahrendorf und die Demokratien in Deutschland und den Vereinigten Staaten **5**

In seiner wissenschaftlichen Publikationstätigkeit hat sich Dahrendorf des Öfteren mit der Entwicklung von einzelnen (für ihn nationalstaatlich gefassten) Gesellschaften befasst. Im Folgenden werden zwei dieser Analysen umrissen, die der Vereinigten Staaten von Amerika und die der Bundesrepublik Deutschland (auf Untersuchungen zur Deutschen Demokratischen Republik wird später im Kontext der Entwicklung der Transformation Ostmittel- und Osteuropas etwas intensiver eingegangen, siehe Abschn. 9.1).

5.1 Dahrendorf und die Vereinigten Staaten von Amerika

Seine Befassungen mit Amerika basieren einerseits auf Beobachtungen aus mehreren (Forschungs-)Aufenthalten und der dabei erfahrenen Deutung der Verhältnisse durch Einheimische und Kollegen in den Vereinigten Staaten, andererseits aber auch auf der intensiven Rezeption der sozialwissenschaftlichen Forschung in den Vereinigten Staaten. Der Amerika-Bezug Dahrendorfs erreicht mit ‚Die angewandte Aufklärung. Gesellschaft und Soziologie in Amerika' (Dahrendorf 1963) einen frühen Höhepunkt, doch wird dieser in den späteren Veröffentlichungen immer wieder aktualisiert. Hier wird auch sein Ansatz, die gesellschaftliche Gegenwart historisch zu erklären, deutlich, denn demnach widerspricht er dem Bild, das sich in weiten Teilen von Wissenschaft und Gesellschaft von der ‚Geschichtslosigkeit Amerikas' verfestigt habe. Diese Rede habe – so Ralf Dahrendorf (1963, S. 110) – nur dann einen Sinn, wenn sie darauf bezogen würde, „dass die amerikanische Gesellschaft noch keinen grundlegenden Wandlungen unterlag".

© Springer Fachmedien Wiesbaden GmbH 2017   43
O. Kühne, *Zur Aktualität von Ralf Dahrendorf,* Aktuelle
und klassische Sozial- und Kulturwissenschaftler|innen,
DOI 10.1007/978-3-658-17926-7_5

Vielmehr könne die Geschichte der Vereinigten Staaten „als die Entfaltung eines einzigen Prinzips" (Dahrendorf 1963, S. 110) gedeutet werden, „als Prozess der Rationalisierung, Demokratisierung, Modernisierung, also als Vervollkommnung von Ansätzen, die in den Anfängen dieser Gesellschaft bereits angelegt waren".

Einen wesentlichen Einfluss auf den ‚American Way of Life' attestiert Dahrendorf (1963) Benjamin Franklin, dem Erfinder des Blitzableiters und einer der Autoren der amerikanischen Verfassung. So empfehle dieser zum Erreichen individueller Wohlfahrt, „Fleiß *(industry),* Konzentration auf das, was man tut, auf die eigenen Geschäfte *(attention to one's buisiness)* und Sparsamkeit *(flugality)*" (Dahrendorf 1963, S. 25), was mit der Konsequenz verbunden sei, zu akzeptieren, dass die Früchte harter Arbeit erst mit einiger Verzögerung geerntet werden können (worauf an späterer Stelle noch genauer einzugehen sein wird; Dahrendorf 1984, 1986a). Bei aller Differenziertheit des Landes und seiner Bewohner sieht Dahrendorf (1984, S. 238) – neben „der Direktheit und Freundlichkeit der Menschen" – insbesondere zwei integrative Aspekte: „Das eine ist die unbändige Integrationskraft des Landes. Es hat immer neue Wogen von Einwanderern aus stotternd und armselig in Ellis Island wartenden Kreaturen zu stolzen Amerikanern gemacht. Das andere ist die *open frontier,* das Bewusstsein, dass es hinter dem Horizont noch Neues zu erobern gibt" (Dahrendorf 1984, S. 238–239; Hervorh. im Orig.). Dieses Bewusstsein forme einen nach Freiheit und Eigeninitiative strebenden Menschen: „Man ist nicht eingeklemmt zwischen andere, auch nicht bedrückt von der Geschichte, sondern kann alles machen, macht auch, was man kann, nicht was man darf oder was andere einem sagen" (Dahrendorf 1984, S. 239). Das Vertrauen in diese Werte als Grundlage für eine erfolgreiche Lebensführung sei bis in die Gegenwart weit verbreitet, bisweilen aber auch nicht mehr gelebt (Dahrendorf 1986a; Abrams 2004; Schneider-Sliwa 2005; Kühne 2012). Beide Prinzipien haben in den vergangenen Jahrzehnten an Wirkung verloren: Die Integrationskraft, durch die Zuwanderung von Lateinamerikanern, die in Teilen der Vereinigten Staaten Spanisch zur meistgesprochenen Sprache gemacht haben und sogar Forderungen nach ‚Rückgabe' vormals mexikanischer Gebiete an Mexiko laut werden ließen (Dahrendorf 1984: siehe auch Kühne und Schönwald 2015) oder auch durch die Rückbesinnung auf die Herkünfte der Vorfahren, bei den Nachkommen irischer, polnischer, italienischer oder jüdischer Einwanderer. Auch sei ein Verlust des Prinzips der Selbstbestimmtheit, durch die Zunahme der Orientierung des eigenen Handelns an anderen, zunehmend festzustellen (mehr zu dieser ‚Außenleitung' in Abschn. 7.3).

Zentraler Ansatz des Umgangs mit der Welt sei in den Vereinigten Staaten der *praktische* Vernunftgebrauch, womit Franklin in Opposition zu Rousseaus Verehrung der Vernunft steht: „Rationalität als amerikanische Nationaltugend heißt, dass der mündige Mensch die Welt für machbar erklärt – oder doch die machbare Welt zu seiner erklärt und sich in dieser Einstellung seinem *business* zuwendet" (Dahrendorf 1963, S. 27; Hervorh. im Orig.). Der amerikanische Pragmatismus impliziert auch einen Glauben an die Wissenschaft, den Glauben, mithilfe wissenschaftlicher Ergebnisse den (geschäftlichen, aber auch den privaten) Alltag erfolgreicher meistern zu können. Dieser Wissenschaftsglaube „bedingt geradezu den Glauben an die Erziehbarkeit des Menschen und damit die zentrale Stellung der Bildungsinstitutionen in der Gesellschaft" (Dahrendorf 1963, S. 29). So werde in den Vereinigten Staaten das Lernen sozialer Rollen mit äußerster Bewusstheit vollzogen (so etwa der Rollen von Mutter, Ehemann, Vorgesetztem): „Nur durch Erziehung wird die Menschenwelt machbar. Erziehung nimmt dann die Form eines Erlernens, der habitualisierten Muster an – und zwar zur Erziehung zum Buchhalter nicht anders als zum Demokraten, zum Vater, zum Nachbarn, zum Autofahrer" (Dahrendorf 1963, S. 29–30). Doch ist „[a]ufklärerischer Glaube an den instrumentalen Wert der Vernunft und die Erziehbarkeit des Menschen [...] das dominante, aber nicht das einzige Motiv der amerikanischen Wirklichkeit" (Dahrendorf 1963, S. 30), denn eigens in den Südstaaten hätten sich „traditionelle [...] Abhängigkeit und [...] patriarchalische[r] Konservatismus" (Dahrendorf 1963, S. 30–31) weithin gehalten.

Ein, neben dem Glauben an die praktische Kraft der Vernunft, zweiter wesentlicher Aspekt amerikanischer Selbstbestimmung, ist die Bedeutung der Religion: „Ihre öffentliche Funktion, ihr moralischer Charakter und das Element des Puritanismus" (Dahrendorf 1963, S. 32) lassen sich als ihre drei wesentlichen Elemente beschreiben. Gerade der Puritanismus wirkt dabei rechtfertigend für das Streben nach – in materiellen Dingen seinen Ausdruck findendem – Glück. Die öffentliche Funktion von Religion ist auch eine sozialindikatorische: „In welche Kirche man geht, ist nicht nur für den sozialen Status wichtig. Man sagt, dass der sozial Aufsteigende in der Regel auch seine Konfession wechseln ‚muss', wenn er aus einer der ‚niederen Konfessionen' etwa der Lutheraner oder Baptisten, kommt" (Dahrendorf 1963, S. 33). So sehr die beiden Elemente amerikanischer Selbstbeschreibung sich zu widersprechen scheinen, bilden sie dennoch eine Einheit, wie Dahrendorf (1963, S. 34) pointiert darstellt: „Die wissenschaftlich vermittelte Erfahrung, die machbare Welt und insbesondere der erziehbare Mensch, der Glaube an die prästabilierte Harmonie von Moral und Erfolg und die Verehrung eines höchsten Wesens, das diesen glücklichen Stand der Dinge herbeigeführt hat, bilden ein Syndrom, in dem die Aufklärung ihren eigentlichen historischen Triumph feiert".

Ein weiterer wesentlicher Aspekt der US-amerikanischen gesellschaftlichen Entwicklung ist der in der Unabhängigkeitserklärung formulierte Grundsatz, dass ‚alle Menschen gleich geschaffen sind'. Dies interpretiert Dahrendorf

(1963, S. 36; Hervorh. im Orig.) als einen „Glauben an den *common man* (um mit C. J. Friedrich zu sprechen), das heißt an das Gemeinsame in allen Menschen". Unter dieser Gleichheit lässt sich zweierlei verstehen:

1. dass kein Unterschied zwischen Menschen „des Wertes und der Rechte besteht und alle sozialen Unterschiede daher historisch sind" (Dahrendorf 1963, S. 36) und

2. dass zudem sämtliche „Menschen in gleicher Weise mit bestimmten, politisch und sozial relevanten Fähigkeiten ausgestattet sind" (Dahrendorf 1963, S. 36).

Die Implementierung der Gleichheitsforderungen zeigt allerdings eine historische Entwicklung: Während die Gleichheit vor dem Gesetz seitens des obersten Gerichts schon früh durchgesetzt wurde, folgte die politische Gleichheit nur allmählich (siehe z. B. die relativ späte Einführung des Frauenwahlrechts im Jahre 1920). Die Gleichheit von Lebenschancen blieb lange eine (juristisch) nicht durchgesetzte Forderung (Dahrendorf 1963).

Die im Vergleich zu Europa in den Vereinigten Staaten geringe Arbeitslosigkeit führt Dahrendorf (1994b, S. 221) einerseits auf die weitere Verbreitung des von Max Weber (2010[1904/1905]) identifizierten ‚protestantischen Arbeitsethos‘ zurück, und andererseits auch auf die „Flexibilität der Reallöhne nach unten", also des (durchaus deutlichen) Sinkens von Reallöhnen. Ein wesentlicher Aspekt des protestantischen Arbeitsethos ist neben Fleiß, Sparsamkeit und Disziplin das Handlungsmuster der ‚aufgeschobenen Befriedigung‘ *(‚deferred gratification‘):* „Das ist der Verzicht auf unmittelbaren Genuss, die Bereitschaft, zuerst Zurückhaltung zu üben, zu arbeiten, zu sparen, um dann zu einem späteren Zeitpunkt die Früchte des Verzichts zu ernten" (Dahrendorf 1984, S. 83). Ein Handlungsmuster, das heute (nicht nur in den Vereinigten Staaten) weitgehend einem Muster gewichen ist, das Dahrendorf (1984, z. B. S. 86) als „Pumpkapitalismus" beschreibt: zunächst zu konsumieren und später die dafür notwendigen Kredite zu tilgen. Dieses Muster stellt für ihn auch den wesentlichen Grund für die Immobilien- und Finanzkrise zum Ende des ersten Jahrzehnts des 21. Jahrhunderts dar (Dahrendorf 2009a, b, c). Dieser Wandel sei so tief greifend, dass derjenige, der gegenwärtig das Handlungsmuster der ‚aufgeschobenen Befriedigung‘ verfolge, „unweigerlich zum Alternativen, zum jugendbewegten Verfechter des einfachen Lebens, zum Modernitätsfeind, also zum Störenfried, ja Zerstörer des Fortschritts" werde (Dahrendorf 1984, S. 86; eine aktuellere Diagnose im Kontext der Immobilienkrise, mit Schwerpunkt Los Angeles: siehe Kühne 2012). Die ‚Flexibilität der Reallöhne nach unten‘ ist mit der Folge verbunden, dass auch Menschen mit Vollbeschäftigung dauerhaft an der Armutsgrenze leben, ein Phänomen, das

Ralf Dahrendorf (1994b, S. 221) im Vergleich zu Europa knapp charakterisiert: „Dauerarmut ist das amerikanische Gegenstück zur europäischen Dauerarbeitslosigkeit". Die offenkundig prekäre Lage der ‚arbeitenden Armen' besteht nicht in einem Verlust ihrer Bürgerrechte, sondern vielmehr in ihren verminderten Teilhabechancen in der Gesellschaft. Einer Zwangslage, der sie sich nicht nur durch „Erinnerungen an bessere Tage" (Dahrendorf 1994b, S. 223), sondern insbesondere durch Qualifikationen zu entziehen trachten. Angesichts dieser Entwicklungen beobachtet Dahrendorf für die Vereinigten Staaten (dies lässt sich heute auch zunehmend für Europa sagen) eine an Bedeutung gewinnende „Individualisierung des sozialen Konflikts in offenen Gesellschaften" (Dahrendorf 1994b, S. 236), verbunden mit der Folge: „Individuelle Mobilität tritt an die Stelle des Klassenkampfes" (Dahrendorf 1994b, S. 236). Dies hat zur Konsequenz, dass „die individuelle Konkurrenz stärker als die kollektive Solidarität" (Dahrendorf 1963, S. 64) ist. Oder andersherum formuliert: Die Möglichkeit des individuellen Wandels (hier: sozialen Aufstiegs) „hat die amerikanische Gesellschaft vor Aufstauung der Konflikte zu revolutionären Energien bewahrt" (Dahrendorf 1963, S. 68; zum Thema der sozialen Bedeutung von Konflikten siehe Kap. 4). Hierin findet sich einer der Gründe, dass „Amerika […] sowohl vom Kommunismus als auch vom Faschismus verschont [blieb]" (Dahrendorf 1993, S. 17–18).

Eine wesentliche Folge des Suchens nach individuellen Chancen liegt in der großen Mobilität der amerikanischen Bevölkerung. Diese betrifft nicht allein den sozialen Status, sondern auch die Bereitschaft täglich über große Distanzen mit dem Auto zur Arbeit zu pendeln oder – mehr noch – den Wohnort zu wechseln. Das hat zur Folge, „dass [sich] in den Telefonbüchern einiger kalifornischer Mittelstädte von einem Jahr zum anderen mehr als ein Drittel der Namen ändert, […] dass man in vielen Teilen der Vereinigten Staaten nach einem halben Jahr auch bei der Bank Kredit eines Alteingesessenen bekommt" (Dahrendorf 1963, S. 73). Die erhebliche soziale wie räumliche Mobilität lässt sich neben der Suche nach individuellen Chancen auch in den im Vergleich zu Europa schwach ausgeprägten Systemen der sozialen Sicherung verstehen. Diese sozialen Sicherungssysteme beschreibt Dahrendorf (1963, S. 76) als „Instrumente der sozialen Immobilisierung" und fügt einige Beispiele an: „die Bergarbeiter, deren Gruben geschlossen werden, erhalten eine Unterstützung; die landwirtschaftlichen Betriebe, die nicht rentabel arbeiten, werden subventioniert; selbst der Mann noch, der das Münchener Klima nicht verträgt, darf sich auf Kosten der Krankenkasse behandeln lassen" (Dahrendorf 1963, S. 76–77).

Der großen räumlichen wie sozialen Mobilität steht der Drang danach, in einer Gemeinschaft, einer ‚community' zu leben, scheinbar entgegen. Doch ist für den Einzelnen „Mobilität immer auch ein grausamer Prozess. Die ständige Lösung von Bindungen wird zur Ursache vieler Unsicherheiten; diese werden ihrerseits zum Ausgangspunkt der oft hektischen Suche nach Anschluss, Zugehörigkeit, Gemeinschaft" (Dahrendorf 1963, S. 91). Physischer Ausdruck des Strebens nach Gemeinschaft ist die Siedlungsentwicklung, die zumeist nicht großstädtisch, sondern lange Zeit kleinstädtisch war. Das prägende Gemeinwesen der Phase der Massenmobilisierung (und abgeschwächt bis heute siehe Hesse 2008; Kühne 2012; Kühne und Schönwald 2015; Kühne et al. 2017) „ist Suburbia. An beiden lassen sich Ursprung und Eigenart des Erwartungsdruckes zur sichtbaren Teilhabe am Gemeindeleben ablesen" (Dahrendorf 1963, S. 94). Diese sichtbare Teilhabe am Gemeinwesen (die schon Tocqueville 1835/1840 beschrieben hatte) ist wiederum mit einem Hang zur Konformität in der ‚community' verbunden (Dahrendorf 1963). „[D]rohende Anomie – und Verzweiflung – lässt sich aber als Ruf nach Gewissheit verstehen und kann unter solchen Aspekten geradezu zur Bedingung der Möglichkeit von verlässlichen Sozialbeziehungen werden" (Dahrendorf 1963, S. 89). Die Suche nach verlässlichen Sozialbeziehungen ist allerdings häufig auch mit einem Zwang zu denselben verbunden: „Wer hier wohnt, wird schon am Tag seiner Ankunft in ein Netz von ‚Nachbarn', von ‚Freunden' hineingezogen, das die ganze Gemeinde durchzieht und nur gelegentlich bei einem ‚Abweichler' Risse hat" (Dahrendorf 1963, S. 97). Im Vergleich zur traditionellen Kleinstadt treten die Bewohner von Suburbia jedoch in der Regel nicht durch sachliche Bindungen (wie z. B. Arbeitgeber-Arbeitnehmer, Verkäufer-Kunde etc.) miteinander in Beziehung, da sie für ihre berufliche Tätigkeit pendeln, „[s]ie kommen zueinander, weil sie gerne zueinander kommen" (Dahrendorf 1963, S. 98). Auch wenn sie „scheinsachliche Beziehungen" (Dahrendorf 1963, S. 98), wie das Sammeln für wohltätige Zwecke, die Organisation von Vereinen, miteinander eingehen, bleibt „aber im Grunde […] doch nichts als die reine soziale Beziehung" (Dahrendorf 1963, S. 98) und bleibt damit eine lokale gemeinschaftliche Teilintegration. Dass diese Teilintegration jedoch eine große Bindungswirkung aufweist, wird auch an dem großen Interesse der Bevölkerung an lokalen Wahlen deutlich: „Gemeindewahlen und Teilnahme an der Bürgergesellschaft charakterisieren die amerikanische Demokratie viel deutlicher als das politische Leben auf bundes- oder einzelstaatlicher Ebene" (Dahrendorf 2003b, S. 59). Dies hatte auch Folgen für die Entwicklung der amerikanischen Soziologie: „Historisch war der große Gegenstand der amerikanischen Soziologie die Gemeinde (‚community'), der der europäischen Soziologie dagegen der Industriebetrieb" (Dahrendorf 1965a, S. 49).

5.2 Dahrendorf und die deutsche Gesellschaft

Die Auseinandersetzung Dahrendorfs mit dem Thema ‚Bundesrepublik Deutschland' fand einen frühen Höhepunkt in dem 1965 veröffentlichten Buch ‚Gesellschaft und Demokratie in Deutschland' (Dahrendorf 1965c), ein Thema das er immer wieder aufgriff (z. B. in Dahrendorf 1992, 2003, 2004), dann aber nicht mehr in dieser Intensität und Detailliertheit weiterverfolgte. Die Kernthese des Buches war – wie er selbst später darstellte (Dahrendorf 2004, S. 139) –, „dass die ‚deutsche Frage' nicht so sehr eine Frage an andere, wie eine soziale Frage an die Deutschen selbst ist, die Frage nämlich nach den inneren Bedingungen zur Verankerung der liberalen Demokratie" bzw. andersherum formuliert, die Frage „nach den Hemmnissen der liberalen Demokratie in Deutschland" (Dahrendorf 1965c, S. 39). Im Jahre 1965 argumentierte Dahrendorf, der Nationalsozialismus habe (so die bis heute umstrittene These) „für Deutschland die Revolution der Modernität vollzogen" (Dahrendorf 2004, S. 139), indem dieser die traditionellen Strukturen der deutschen Gesellschaft zerstört habe und er die „Menschen tatsächlich entwurzelte" (Dahrendorf 2004, S. 139). Somit konnte sich die westdeutsche Nachkriegsgesellschaft unter völlig „neuen, gegenüber der Weimarer Republik gänzlich veränderten Voraussetzungen" (Dahrendorf 2004, S. 139) entwickeln. Dabei sei der Nationalsozialismus „nicht das Verführungswerk einer kleinen Clique, sondern durch seine Duldung ein deutsches Phänomen" (Dahrendorf 1965c, S. 446) gewesen. Eine solche ‚faktische' Legitimität sei jedoch nicht mit einer ‚moralischen' zu verwechseln, denn „was funktioniert, muss nicht gut sein" (Dahrendorf 1965c, S. 446; womit er implizit auch seiner Interpretation des amerikanischen Pragmatismus widerspricht, so viel nur als Hinweis zum vorangegangenen Abschnitt), schließlich hätte moralisch „der Weg in die Modernität kaum brutalere, unmenschlichere Bezüge haben können, als er sie in Deutschland gewann" (Dahrendorf 1965c, S. 446). Dabei musste die westdeutsche Nachkriegsgesellschaft Antworten auf vier zentrale Fragen finden:

1. Die Frage nach der „Schaffung der effektiven Gleichheit staatsbürgerlicher Teilhabechancen" (Dahrendorf 2004, S. 139) beinhaltet auch die Möglichkeit der persönlichen Ausübung dieser Teilnahmechancen, bei denen es sich um „die Möglichkeit [handelt], aus eigenem Antrieb am politischen, aber auch am umfassenderen gesellschaftlichen Prozess teilzunehmen, die eigenen Interessen auf den Markt der Politik wie die eigenen Waren auf dem Markt der Ökonomie und persönlichen Idiosynkrasien auf den Markt der Gesellschaft zu tragen" (Dahrendorf 1965b, S. 79). Der Prozess der Schaffung dieser Chancen wird bedroht, einerseits „durch die Entstehung einer neuen Unterklasse der

Ausgeschlossenen, von Menschen also, die weder zum Arbeitsmarkt noch zur Bürgergesellschaft und ihren politischen Institutionen einen Zugang finden" (Dahrendorf 2004, S. 140), andererseits durch einen „neuen Autoritarismus, also der Sehnsucht nach Selbstentmündigung in einer unübersichtlichen Welt" (Dahrendorf 2004, S. 141; zu Autoritarismus und Totalitarismus siehe insbesondere Abschn. 7.2, 8.4 und 9.1, zur Bürgergesellschaft Abschn. 8.4).

2. Die Frage des Akzeptierens von Konflikten als Bestandteil einer freiheitlichen Gesellschaft war „in Deutschland nie sehr ausgeprägt. Hegels absolute Wahrheiten blieben stets stärker als Goethes Ironie, geschweige denn die aufgeklärte Skepsis von Immanuel Kant" (Dahrendorf 2004, S. 141). Diese Aversion gegen Konflikte dokumentiere sich in Deutschland auch „in der unermüdlichen Suche nach endgültigen Lösungen" (Dahrendorf 1965c, S. 197), hier in der Beziehung von Gewerkschaften, Arbeitgebern und Staat. Dieses Synthesedenken hegelianischer Provenienz sieht Dahrendorf (1965c, S. 237) auch im deutschen „Einheitsstreben durch den Größenwahn zurück zum bescheideneren Einheitsstreben [der damals noch in der Zukunft liegenden Wiedervereinigung der beiden deutschen Staaten; Anm. O. K.]". Das hatte zum Ergebnis, dass immer wieder in der deutschen Geschichte „die Erfordernisse der Nation […] dazu herhalten mussten, die bürgerliche Gesellschaft und mit ihr die unmittelbaren Lebensfragen der Menschen zu suspendieren" (Dahrendorf 1965c, S. 237).

3. Die Frage nach der Schaffung pluralistischer Strukturen, eigens „in den Führungsgruppen des Landes" (Dahrendorf 2004, S. 139), lag durch das Oszillieren der deutschen Eliten zwischen der Bildung einer homogenen Gruppe und der Verweigerung der Übernahme von Verantwortung. Zwar erfolgte die Industrialisierung Deutschlands im Vergleich mit „ihren beiden historischen Vorgängerinnen in England und in Frankreich […] spät, schnell und gründlich" (Dahrendorf 1965c, S. 46), doch war die Industrialisierung durch eine starke Einflussnahme des Staates (bis hin zu staatlichem Bergbau) geprägt. Dies erschwerte die Bildung einer selbstbewussten Bourgeoisie (vgl. auch Meifort 2014a). Die Eliten wurden von der Zeit des Deutschen Kaiserreichs bis in die (westdeutsche) Nachkriegszeit durch Menschen gebildet, deren Eltern bereits der Elite angehörten oder deren „Weg von unten nach oben [sich] selten in einem Sprung" (Dahrendorf 1965c, S. 292) vollzog. Dieser Aufstieg wurde insbesondere im Kontext des Politischen durch die Demokratisierung und in anderen Gesellschaftsbereichen durch die Bildungsexpansion seit Ende der 1960er Jahre erleichtert (Dahrendorf z. B. 2004) – wenngleich bis heute keine Chancengleichheit herrscht. Dabei weisen die einzelnen Teileliten in Deutschland – so die (bis heute mit Abschwächungen gültige)

Diagnose von 1965 – eine geringe Durchlässigkeit untereinander auf (etwa zwischen Wissenschaft und Militär). Die Möglichkeit der Änderung der Struktur der deutschen Eliten erfolgte erst nach dem Ende des Nationalsozialismus, in Form einer Wandlung der Dominanz des Prinzips der Ererbung zum Prinzip des Verdienstes, eine Entwicklung, die sich als Teil der Modernisierung verstehen lässt (Dahrendorf 1965c; ausführlicher wird die Frage, wie ein solcher Wandel mit den Veränderungen von Werten und Normen einhergeht, im Abschn. 6.2 behandelt).

4. Die Frage nach der Durchsetzung „von öffentlichen Tugenden anstelle der privaten Tugenden einer autoritären Vergangenheit" (Dahrendorf 2004, S. 139) wird in der Bundesrepublik mit besonderer Intensität gestellt. Die Durchsetzung der öffentlichen Tugenden vollzieht sich auch in den „vielen, zu Unrecht kritisierten Vereine[n] und Verbände[n]", ebenso wie in Bürgerinitiativen, aber auch in einem „eher aufsässigen Geist, der sich im Westen für viele mit dem Jahr 1968 verbindet" (Dahrendorf 2004, S. 142). Mitte der 1960er Jahre hatte er noch diagnostiziert, in Deutschland werde „politische Aktivität in den äußeren Kranz jener Pflichten eingeflochten […], die eher lästig, wenngleich den Umständen nach unvermeidlich sind, so wie die Kehrwoche in seinem Haus oder die Suche nach einem Parkplatz oder vielleicht das Mietezahlen, um nicht zu sagen das Steuernzahlen" (Dahrendorf 1965c, S. 474). Doch auch Ende der 1990er Jahre sieht er Tendenzen zur ‚Glorifizierung privater Nischen' anstelle eines Engagements mit ‚öffentlichen Tugenden' im Kontext der Nostalgisierung der Zustände in der Deutschen Demokratischen Republik (Dahrendorf 1997).

Dahrendorf erkennt eine besondere Schwäche in der Demokratisierung Deutschlands, die sich auch in dem Umgang mit den Wendefolgen zeige: „Die deutsche Demokratie bleibt gerade darum instabil, weil sie so eng mit materiellem Wohlstand verknüpft ist. Selbst die befreiten Ostdeutschen suchten, so scheint es, das süße Leben der Konsumgesellschaft ebenso wie die Freiheit" (Dahrendorf 1992, S. 101, 1997). Zwar begünstige Demokratie wirtschaftliche Entwicklung, da sie „ein Klima schafft, in dem im Prinzip unternehmerische Initiative blühen kann. […] Aber auch im günstigsten Fall schaffen staatliche Einrichtungen nur Bedingungen des Aufschwungs, nicht den Aufschwung selbst" (Dahrendorf 2010[2004a], S. 148). Den wesentlichen Unterschied zwischen Demokratie und wirtschaftlichem Wohlstand stellt er pointiert heraus: „Freiheit kann man durch Demonstrationen, durch Widerstand gegen Diktaturen erkämpfen, Wohlstand nicht. Da muss man schon selbst zupacken" (Dahrendorf 2010[2004a], S. 148–149). Die für ihn unglückliche Verbindung von Ökonomie und Politik findet sich in Bezug auf eine weit verbreitete deutsche Selbstdefinition, den ‚D-Mark-Nationalismus‘, ein Begriff, den Dahrendorf (1993) bei Jürgen Habermas entlehnt hat. Jedoch befindet er auch „diejenigen Deutschen [für] etwas verdächtig, die abstreiten, ein Nationalgefühl zu haben und meinen, sich ganz auf die europäische Einheit verlassen zu können" (Dahrendorf 1993, S. 30).

Eine weitere Schwäche der (west)deutschen Demokratie erkennt er im Schwinden der Teilung der Gewalten, insbesondere durch die Judikative: „In der deutschen Demokratie der Nachkriegszeit ist der Einfluss des Verfassungsgerichtes stark – so stark, dass oftmals die Parlamentarier nicht endgültig abstimmen können, bevor die Richter ein Urteil gefällt haben" (Dahrendorf 2003, S. 62). Das ist ein Einfluss, der in anderen demokratischen Staaten deutlich weniger besteht, wie z. B. in den Vereinigten Staaten, in denen der Oberste Gerichtshof es häufig ablehne „zu Fragen Stellung zu beziehen, die seines Erachtens nicht in seine Kompetenz fallen" (Dahrendorf 2003, S. 62).

Quintessenz zu Kap. 5: Während mit Dahrendorf die Geschichte der Vereinigten Staaten letztlich als die einer mehr oder minder kontinuierlichen Entwicklung einer liberalen Demokratie gelesen werden kann, ist die Geschichte der Demokratisierung in Deutschland von Brüchen und Verwerfungen geprägt. Insbesondere persistierende Machtverteilungen und Normvorstellungen auch autokratischer Zeit erschwerten die Entwicklung einer liberalen Gesellschaft. Als hinderlich für die Entwicklung der (Bundesrepublikanischen) Gesellschaft bezeichnete er den am Hegelschen Denken ausgerichteten Hang zu absoluten Wahrheit bei gleichzeitiger Verweigerung, Konflikten eine positive gesellschaftliche Funktion zuzugestehen. Im Gegensatz hierzu erkennt er in der amerikanischen Gesellschaft die Tendenz, im alltäglichen Leben einem pragmatischen Ansatz zu folgen und die Beurteilung einer Handlung von der Qualität deren Ergebnis abhängig zu machen und – stark verkürzt – absolute Wahrheiten in die Welt der Religion zu verweisen. Dem deutschen Hang, konkrete Fragen mit einer (häufig moralgeladenen) Grundsätzlichkeit zu begegnen, anstatt sie pragmatisch und effizient abzuarbeiten, führt auch zu einer Beurteilung der Demokratie anhand des Kriteriums des wirtschaftlichen Wohlstandes. So wird gemeinhin in der Gesellschaft der Vereinigten Staaten – wie sie Dahrendorf analysiert – der (mangelnde) Wohlstand des Einzelnen nicht Ausgangspunkt für die Fragen nach der Legitimität und ‚Gerechtigkeit‘ des demokratisch-marktwirtschaftlichen Gesellschaftssystems verstanden, sondern als Ansporn, die eigene wirtschaftliche Lage durch die Nutzung und Weiterbildung eigener Fähigkeiten zu verbessern.

Die ‚ärgerliche Tatsache der Gesellschaft': Normen und Rollen im ‚homo sociologicus'

Standen bis zu diesem Kapitel eher Überlegungen Dahrendorfs zur Funktion und Struktur ganzer Gesellschaften (Makrosoziologie) im Fokus der Betrachtung, widmen wir uns nun der Dahrendorfschen Betrachtung des Verhältnisses des Einzelnen zu Gemeinschaft und Gesellschaft (Mikrosoziologie). Diese Betrachtungsebene ist bei Dahrendorf in besonderer Weise mit einem mittlerweile zum Klassiker gereiften Text verbunden: dem ‚Homo Sociologicus'. Dieser Text, wurde erstmals 1958 in der ‚Kölner Zeitschrift für Soziologie und Sozialpsychologie' veröffentlicht und erschien danach, immer wieder angepasst und erweitert, in zahlreichen Auflagen und wurde in der Fachwelt intensiv diskutiert (eine Zusammenfassung der Diskussion liefert Gerhardt 1994). In dem Text befasst sich Dahrendorf mit der Einführung der Rolle als einer „soziologischen Elementarkategorie analog zur physikalischen Elementarkategorie Atom" (Mans 2013, S. 134) und den Auswirkungen der Rollenhaftigkeit für das gesellschaftliche sowie private Leben. Dabei setzt er sich mit zwei Grundhypothesen sozialen Handelns auseinander, nämlich sei soziales Handeln einerseits das „Ergebnis kognitiver Prozesse, d.h. bewusster, zielorientierter Handlungsplanung" (Badura 1994, S. 45), und andererseits seien für die Gesellschaft geteilte Werte und Normen zentral, deren Einhaltung durch die Verbindung mit externen (z. B. ‚Bestrafung') oder internen Institutionen (z. B. ‚Gewissen') überwacht würden (Badura 1994).

O. Kühne, *Zur Aktualität von Ralf Dahrendorf,* Aktuelle und klassische Sozial- und Kulturwissenschaftler|innen, DOI 10.1007/978-3-658-17926-7_6

6.1 Die Regelhaftigkeit der Gesellschaft: Normen und Rollen

Ein wesentlicher Aspekt der Entstehung und insbesondere der Erhaltung von Gesellschaft ist Regelhaftigkeit. Was geschähe, wenn unser Verhalten den bloßen Gesetzen des Zufalls unterläge, charakterisiert Dahrendorf (1968, S. 49) plastisch (so plastisch, das ein längeres wörtliches Zitat gerechtfertigt erscheint):

> Wenn wir jemandem die Hand zum Gruß geben, ist die Chance gleich groß, dass er uns ins Gesicht spuckt oder uns übersieht oder auf die Stirn küsst oder mit einer Pistole bedroht oder uns auch die Hand reicht; wenn wir eine Eisenbahn betreten, wissen wir nicht, ob sie uns nach Rom oder Moskau, Madrid oder Kopenhagen oder nur bis zur nächsten Weiche bringt. Wenn wir ein Auto zu kaufen suchen, wissen wir nicht, ob wir 4.000 oder 10.000 Mark oder 50 Dollar oder einen Schlag ins Gesicht dafür bekommen (und keine dieser Reihen ist vollständig) – kurz, die Vorstellung eines bloß zufälligen, menschlichen Verhaltens beschwört ein Bild herauf, an dem gemessen selbst der *bellum omnium contra omnes* (dem Kampfe aller gegen alle) noch eine Welt der Verlässlichkeit und Gesellschaft ist. Denn dies ist das Staunenswerte: dass es offenbar eine beharrliche Kraft in der Menschengeschichte gibt, die stets den Radius zufälliger Chancen einschränkt ihn sogar auf eine einzige realistische reduziert (Dahrendorf 1968, S. 49; Hervorh. im Orig.).

Das Ergebnis ist, dass wir vergleichsweise sicher sein können, wie sich eine Situation fortentwickelt: Strecken wir die Hand zum Gruß aus, können wir damit rechnen, dass der Gruß durch dieselbe Handlung Erwiderung findet, besteigen wir einen Zug nach Rom, können wir davon ausgehen, dass dieser Zug (mit einer angemessenen Verspätung, aber auch damit können wir rechnen) Rom erreicht und auch wenn wir unser Auto für 2000 EUR verkaufen, erhalten wir diese 2000 EUR. Diese „Verlässlichkeit unserer Existenz unter Menschen" (Dahrendorf 1968, S. 59) ist der „Tatsache der Gesellschaft" (Dahrendorf 1968, S. 49) geschuldet. Doch ist die Gesellschaft nicht nur „einfach Regel, die unserem Leben das Gerüst der Verlässlichkeit verleiht" (Dahrendorf 1968, S. 50). Gesellschaft ist vielmehr auch Restriktion, denn sie ist „so allgegenwärtig und zugleich so resistent, dass wir uns ständig an ihr stoßen und reiben; Gesellschaft ist eine ärgerliche Tatsache" (Dahrendorf 1968, S. 50). Damit misst er der Gesellschaft eine prägende Bedeutung bei der Entwicklung des Individuums zu.

Wie in den vorangegangenen Kapiteln mehrfach angeklungen, ist eines der zentralen Themen der Soziologie Ralf Dahrendorfs das Verhältnis von Einzelnen und Gesellschaft – ein Verhältnis, das von latenten und manifesten Konflikten geprägt ist, schließlich ist die Art und Weise der Teilnahme des Einzelnen am gesellschaftlichen Prozess eine seltsame Mischung aus Abhängigkeit und Spontaneität. Immer hat der Einzelne die Chance, sich selbst in die zähe Wirklichkeit der Gesellschaft hineinzutragen, diese zu prägen und zu verändern, sich in ihr zu verwirklichen und seine Individualität im Widerstreit mit der Tatsache der Gesellschaft zu bewähren. Zugleich aber ist die Gesellschaft immer auch ein Griff nach seiner Freiheit und Spontaneität (Dahrendorf 1972, S. 284).

Schließlich ist der Einzelne in die Welt der Werte, Normen und Rollenerwartungen der Gesellschaft hineingeboren, denen er sich nur unter dem Verlust sozialer Anerkennung entziehen kann, wodurch Konformismus zu einer Strukturbedingung funktionierender Gesellschaften wird (zu den Wirkungen des Konformismus für die Demokratie siehe Kap. 7). Mit dem Begriff der Konformität lassen sich – Dahrendorf (1963, S. 105) zufolge – im Wesentlichen vier Entwicklungen umreißen: Erstens findet sich „die Vorstellung, dass Bereiche des Lebens, die früher nicht oder nur sehr allgemein gesellschaftlich geregelt waren, heute präzisen Rollenerwartungen unterliegen" (Dahrendorf 1963, S. 105), weswegen sich das „Eindringen der Gesellschaft in die Privatsphäre" (Dahrendorf 1963, S. 105) als ein Drang zu konformem Verhalten deuten lässt. Zweitens, wird mit dem Begriff der Konformität „vielfach etwas verstanden, was richtiger als Uniformität beschrieben würde, nämlich das Phänomen, dass die Rollenerwartungen verschiedener sozialer Gruppen sich stark angleichen" (Dahrendorf 1963, S. 105), also von Menschen dasselbe Verhalten erwartet wird und die Grenzen bei abweichendem Verhalten entsprechend enger gezogen werden. Drittens bedeutet Konformität „das Phänomen einer stärkeren Unterwerfung des Einzelnen unter die Erwartungen der Gesellschaft, also der stärkeren allgemeinen Wirksamkeit von Sanktionen" (Dahrendorf 1963, S. 105; Näheres zur Funktionsweise von Sanktionen, siehe Abschn. 6.2). Viertens wird mit dem Begriff der Konformität eine ausgeprägtere Sichtbarkeit und ein ausgeprägteres Bewusstsein von Rollenverhalten in der Gesellschaft umrissen. Zwar gab es diese Erwartungen schon vor der Moderne, „nicht immer aber waren diese Erwartungsmuster in gleicher Weise bekannt und ausgesprochen, damit als Zumutung an den Einzelnen erkennbar" (Dahrendorf 1963, S. 106).

Infolge des Zwangs des Individuums, sich ständig an Konventionen der Gesellschaft anpassen zu müssen, wird diese für das Individuum die „ärgerliche Tatsache der Gesellschaft" (Dahrendorf 2006, S. 21). Ärgerlich ist die Tatsache der Gesellschaft nicht allein, weil ihre Normen und Rollenmuster unbequem sind, „Gesellschaft ist ein Ärgernis, weil sie uns zwar durch ihre Wirklichkeit entlastet und vielleicht überhaupt erst die Ausdrucksmöglichkeiten des Lebens gibt, weil sie aber andererseits uns stets und überall mit unüberschreitbaren Wällen umgibt, in denen wir uns einrichten, die wir bunt bemalen und bei geschlossenen Augen wegdenken können, die jedoch unverrückbar stehen bleiben" (Dahrendorf 1968, S. 50). Auch wenn wir versuchen können, gegen diese Tatsache anzurennen, uns daran zu reiben, sie verändern zu wollen: „Ihre Unausweichlichkeit macht die Tatsache der Gesellschaft zum Ärgernis" (Dahrendorf 1968, S. 50). Der Prozess der Anpassung an soziale Werte, Normen und Rollen lässt sich mit Dahrendorf (2006, S. 63; ähnlich auch Dahrendorf 1968) folglich als ein „Prozess der Entpersönlichung [verstehen], in dem die absolute Individualität und Freiheit des Einzelnen in der Kontrolle und Allgemeinheit sozialer Rollen aufgehoben wird". Diese Anpassungen an gesellschaftliche Ansprüche sind für den Einzelnen so selbstverständlich geworden, dass sie sich dem Bewusstsein entziehen, „doch sind sie darum nicht minder gegenwärtig, nicht minder unausweichlich und ärgerlich" (Dahrendorf 1968, S. 30). Die Unterordnung des Einzelnen unter gesellschaftliche Zwänge hat – so konstatiert Dahrendorf (1971[1958], S. 58) weitreichende Konsequenzen, nicht allein für die Konstituierung der Gesellschaft, sondern auch für die Wissenschaft von derselben: „Um Teil der Gesellschaft und Objekt soziologischer Analyse zu werden, muss der ‚reine' Mensch vergesellschaftet, an die Tatsache der Gesellschaft gekettet und dadurch zu ihrem Glied gemacht werden". Mit diesem Prozess der Sozialisierung, „in dem die absolute Individualität und Freiheit des Einzelnen in der Kontrolle und Allgemeinheit sozialer Rollen aufgehoben wird" (Dahrendorf 1971[1958], S. 58), wird der so zum ‚homo sociologicus' gewordene Mensch „den Gesetzen der Gesellschaft und den Hypothesen der Soziologie schutzlos ausgeliefert" (Dahrendorf 1971[1958], S. 58).

Gerade in der Funktion der Normen wird deutlich, dass „Gesellschaft […] keine neutrale Bühne [ist], auf der sich die Individuen wechselseitig bei ihrer Selbstfabrikation zusehen" (Kersting 2009, S. 24), denn zu sozialen Normen gehören stets auch soziale Sanktionen: „Normen schaffen verlässliche Muster des Handelns nur, wenn sie selbst verlässlich, also verbindlich sind" (Dahrendorf 1968, S. 60). Sie wirken also als moralische Bezugspunkte des Handelns (Dahrendorf 1985). Die Verbindlichkeit von Normen wird „erzwungen durch ein System von Strafen für Normübertretungen und Belohnungen für konformes Verhalten, eben das System spezifischer Sanktionen" (Dahrendorf 1968, S. 60; Näheres siehe Abschn. 6.2). Die Kategorien Norm und Sanktion bedürfen eines dritten Begriffs, „der die Kraft angibt" (Dahrendorf 1968, S. 61), die durch die beiden ausgeübt wird, nämlich jenen der Herrschaft. Schließlich bedeutet Herrschaft „die positionsgebundene (institutionalisierte) Chance, für Anordnungen Gehorsam zu erwarten" (Dahrendorf 1968, S. 61). Diese Funktion der Herrschaft tritt neben die Möglichkeit der Gehorsamserzwingung für einen bestimmten Befehl wie auch der Befugnis, Normen zu setzen, anzuwenden und zu erzwingen (siehe auch Schrape

1978; Genaueres zum Themenfeld ‚Herrschaft' wurde bereits in Kap. 4 besprochen). Dabei räumt Dahrendorf der Kategorie der Herrschaft unter den dreien (Norm, Sanktion, Herrschaft) einen Vorrang ein (Dahrendorf 1968), ohne diesen Vorrang allerdings genauer zu begründen.

6.2 Der Mensch als Träger vorgeformter Rollen – der ‚homo sociologicus'

Die bisherigen Ausführungen zur Soziologie Ralf Dahrendorfs fokussierten auf den Einzelnen und die Gesellschaft. Die Verbindung zwischen beiden blieb bislang nur kursorisch beleuchtet. Dies soll sich im Folgenden ändern. Es gilt also, diesen Schnittpunkt zu beleuchten: „Am Schnittpunkt des Einzelnen und der Gesellschaft steht ‚homo sociologicus' der Mensch als Träger sozial vorgeformter Rollen" (Dahrendorf 1968, S. 133; Hervorh. im Orig.). Mit dem 1958 erstmals erschienenen Buch ‚Homo Sociologicus' verfolgte Dahrendorf die Ziele, die Rollentheorie in den deutschsprachigen, wenn nicht europäischen soziologischen Diskurs einzuführen, sich aber auch mit den Möglichkeiten der Rollenabweichungen zu befassen (Dahrendorf 1997).

Das Konstrukt des ‚homo sociologicus' geht aus der Kritik zweier sozialwissenschaftlicher Konzepte des Menschen hervor, des ‚homo oeconomicus' und des ‚psychological man'. Der ‚homo oeconomicus', das umstrittene wirtschaftswissenschaftliche Konzept des Menschen, ist „der Verbraucher, der vor jedem Einkauf Nutzen und Kosten sorgsam abwägt und Hunderte von Preisen vergleicht, bevor er seine Entscheidung trifft; der Unternehmer, der alle Märkte und Börsen in seinem Kopf vereinigt und sämtliche Entschlüsse an diesem Wissen orientiert; der vollständig informierte, durch und durch ‚rationale' Mensch" (Dahrendorf 1971[1958], S. 15). Erscheinen diese dem ‚homo oeconomicus' zugrunde liegenden Annahmen sehr einseitig zweckrational ausgerichtet, für das Handeln einzelner Menschen unglaubwürdig, fremd und seiner Komplexität schwerlich gerecht werdend, „so erlauben sie dem Wirtschaftswissenschaftler doch richtige Prognosen" (Dahrendorf 1971[1958], S. 15). Das zweite Konzept des Menschen, der ‚psychological man' geht auf Sigmund Freud zurück und „ist der Mensch, der, selbst, wenn er stets das Gute tut, doch möglicherweise stets das Böse will, der Mensch der untergründigen Motive, der uns dadurch nicht vertrauter wird, dass wir ihn zu einer Art Gesellschaftsspiel verniedlicht haben. Du hasst mich? Das heißt nur, dass Du mich ‚in Wirklichkeit' liebst" (Dahrendorf 1971[1958], S. 15–16). Der ‚psychological man' sei ein Ausdruck dafür geworden, wie eng die wissenschaftliche Welt und die Alltagswelt miteinander verschmelzen könnten. Beiden Konzepten ist gemein, dass sie den komplexen Schnittbereich zwischen dem einzelnen Menschen und der Gesellschaft weitgehend ausklammern, da sie die Begründung des sozialen Handelns entweder in das Innenleben des Menschen (‚psychological man') verlegen oder Gesellschaft letztlich als ein Netz zweckrationaler Beziehungen (‚homo oeconomicus') beschreiben. Mit seinem Konzept des ‚homo sociologicus' fokussiert Dahrendorf den von den beiden Theorien ausgesparten Bereich des Schnittpunktes zwischen Mensch und Gesellschaft, indem er die Bedeutung sozialer Rollen untersucht. Dabei verweist Dahrendorf (1971[1958], S. 21; Hervorh. im Orig.) ausdrücklich darauf, dass „[w]ie *homo oeconomicus* und *psychological man* […] auch der Mensch als Träger sozialer Rollen kein Abbild der Wirklichkeit [ist], sondern eine wissenschaftliche Konstruktion".

Der einzelne Mensch „*ist* seine sozialen Rollen, aber diese Rollen *sind* ihrerseits die ärgerliche Tatsache der Gesellschaft" (Dahrendorf 1968, S. 133; Hervorh. im Orig.). Entsprechend dieses Gedankens folgt Dahrendorf (1971[1958] S. 6; Hervorh. im Orig.) der Anregung von Heinrich Popitz, „den Begriff der Rollen*erwartung* in gewissen Zusammenhängen durch den der Rollen*zumutung* zu ersetzen". Doch die Rollen determinieren nicht das Verhalten des Einzelnen, denn es gibt einen Bereich, „in dem der Einzelne frei ist, seine Rollen selbst auszugestalten und sich so oder anders zu verhalten" (Dahrendorf 1968, S. 151). Diese Bereiche versucht der Einzelne zu weiten oder zumindest selbst auszugestalten, wenn er in der Tatsache „der Gesellschaft vor allem das Ärgernis" (Dahrendorf 1968, S. 151) sieht. Doch bevor er in der Lage ist, seine Rollen auszuweiten oder auszugestalten, sie als Schauspieler (Goffman 2002[1959]) gekonnt zu präsentieren, sieht er sich gezwungen, diese zu erlernen, sich mit deren Inhalten und den Sanktionen ihrer Nichteinhaltung vertraut zu machen (Dahrendorf 1968, S. 163; Hervorh. im Orig.): „Erst indem der Einzelne diese außer ihm bestehenden Vorschriften der Gesellschaft in sich hineinnimmt und zu einem Bestimmungsgrund seines Handelns macht, wird er mit der Gesellschaft vermittelt und als *homo sociologicus* zum zweiten Male geboren". Dieser Prozess wird geprägt durch die Sozialisation als die Einführung des Einzelnen in die Gesellschaft (Sozialisierung) sowie der Verinnerlichung der gesellschaftlichen Werte, Normen und Rollen (Internalisierung; Dahrendorf 1971[1958]).

Die Rollenerwartungen (oder Rollenzumutungen) ergeben sich aus den sozialen Positionen, die eine Person in der Gesellschaft innehat: „Der Terminus *soziale Position* bezeichnet jeden Ort, in einem Feld sozialer Beziehungen" (Dahrendorf 1971[1958], S. 30; Hervorh. im Orig.), wobei diese Positionen „etwas prinzipiell unabhängig vom Einzelnen Denkbares" (Dahrendorf 1971[1958], S. 30) sind. Dies bedeutet: Die Position besteht (weitgehend) unabhängig von der Person, die sie besetzt, die Position des Landesvorsitzenden einer Partei besteht unabhängig von Herrn XY, der diese Position innehat. Der Einzelne hat in der Regel nicht nur eine, sondern mehrere gesellschaftliche Positionen inne „und es lässt sich vermuten, dass die Zahl der auf Einzelne entfallenden Positionen mit der Komplexität von Gesellschaften wächst" (Dahrendorf 1971[1958], S. 30). Am Beispiel von Herrn XY treten für ihn neben die Position des Landesparteivorsitzenden auch die Positionen ‚Vater', ‚Ehemann' und ‚Mitglied des Bundestages'. Diese einzelnen Positionen wiederum können in sich sehr komplex sein, weswegen Dahrendorf zu dem Begriff der „Positionssegmenten […], wobei jedes dieser Segmente auf dem Positionsfeld […] eine Beziehungsrichtung aussondert" (Dahrendorf 1971[1958], S. 31), gelangt. Am Beispiel des Landesparteivorsitzenden sind dies beispielsweise die Beziehungen zu den ‚einfachen Parteimitgliedern', zu den Vorstandskollegen, den Vorsitzenden konkurrierender Parteien, den Bundesvorsitzenden u. v. m. Zu jeder der von einem Menschen eingenommenen Positionen, „gehören gewisse Verhaltensweisen, die man von dem Träger dieser Position erwartet; zu allem, was er ist, gehören Dinge, die er tut oder hat; zu jeder sozialen Position gehört eine *soziale Rolle*" (Dahrendorf 1971[1958], S. 32; Hervorh. im Orig.). Die Ansprüche der Gesellschaft an die Positionen innehabenden Personen weisen zwei Dimensionen auf: „einmal Ansprüche an das Verhalten der Träger von Positionen *(Rollenverhalten),* zum anderen Ansprüche an sein Aussehen und seinen ‚Charakter' *(Rollenattribute)*" (Dahrendorf 1971[1958], S. 33; Hervorh. im Orig.). Von Herrn XY als Landesvorsitzenden wird erwartet, dass er beispielsweise die Parteitage der Untergliederungen (z. B. Bezirksverbände) besucht, und da er Landesvorsitzender einer ‚bürgerlichen' Partei ist, wird von ihm auch erwartet, dass er in der Öffentlichkeit im Anzug auftritt und sich einer grammatikalisch (weitgehend) korrekten Sprache befleißigt. Zusammenfassend definiert Dahrendorf (1971[1958], S. 33) ‚soziale Rollen' als „Bündel von Erwartungen, die in einer gegebenen Gesellschaft an das Verhalten der Träger von Positionen knüpfen". Verstößt der Träger der Position gegen die gesellschaftlichen Erwartungen, drohen ihm Sanktionen, „mit deren Hilfe sie [die Gesellschaft; Anm. O. K.] die Vorschriften zu erzwingen vermag. Wer seine Rolle nicht spielt, wird bestraft; wer sie spielt, wird belohnt, zumindest aber nicht bestraft" (Dahrendorf 1971[1958], S. 36). Der daraus entstehende Konformismus ist – Dahrendorf (1971[1958]) zufolge – ein universelles Merkmal von Gesellschaften. Zur Erzwingung eines konformen Verhaltens verfügt die Gesellschaft über positive und negative Sanktionen: „Die Gesellschaft kann Orden verleihen und Gefängnisstrafen verhängen, Prestige zuerkennen und einzelne ihrer Mitglieder der Verachtung preisgeben" (Dahrendorf 1971[1958], S. 36). Dabei besteht eine Asymmetrie der Wirkungen von positiven und negativen Sanktionen: „Auf Belohnungen kann man verzichten, Orden kann man ablehnen, aber der Macht des Gesetzes oder selbst der sozialen Ächtung zu entkommen, dürfte in allen Gesellschaften ein äußerst schwieriges Unterfangen sein" (Dahrendorf 1971[1958], S. 37). Rollen ergeben sich bei Dahrendorf also aus Erwartungen, sie sind dementsprechend nicht auf das ‚tatsächliche' Verhalten bezogen, sie beziehen sich vielmehr auf das erwartete Handeln eines Positionsinhabers (Dreyer 1989).

Die mit bestimmten Rollen verbundenen Erwartungen an den ‚homo sociologicus' sind durchaus differenziert und diese Differenzierung ist mit bestimmten positiven und negativen Sanktionen verbunden: Die Einhaltung von Muss-Erwartungen ist mit keiner positiven Sanktion, ihre Nichteinhaltung wohl aber mit erheblichen negativen Sanktionen verbunden. Im Falle des Parteivorsitzenden XY liegt eine Muss-Erwartung darin, Wahlergebnisse nicht zu fälschen (ein Lob dafür, dies nicht getan zu haben, ließe sich höchstens für einen totalitären, nicht aber für einen repräsentativ-demokratischen Kontext konstruieren). Soll-Erwartungen hingegen können positiv durch Sympathiebekundungen sanktioniert werden. Der Verstoß gegen Soll-Erwartungen ist jedoch letztlich mit sozialem Ausschluss verbunden. Verzichtet der Parteivorsitzende XY stets darauf, die Parteitage der Untergliederungen zu besuchen (zumindest ohne triftigen, d. h. in dem Kontext allgemein akzeptierten Grund, wie z. B. die Anwesenheit bei den ‚Sitzungswochen' des Bundestages), kann dies mittelfristig zu seiner Abwahl führen (‚die Partei' fühlt sich von ihm nicht mehr hinreichend ernst genommen). Anders verhält es sich im Bezug von positiven und negativen Sanktionen zu Kann-Erwartungen. Positive Sanktionen bedeuten hier eine Zunahme an sozialer Wertschätzung, während negative Sanktionen eher schwach ausfallen, z. B. in Form einer diffusen Apathie. Die Teilnahme an Dorffesten wird von unserem Parteivorsitzenden nicht erwartet, sie wird allerdings als ‚Volksnähe' von der Parteibasis begrüßt (Dahrendorf 1971[1958]). Das gewählte Beispiel des Parteivorsitzenden XY macht deutlich, dass Rollenerwartungen nicht zwingend gesamtgesellschaftlichen Ursprungs sind, so ist die Teilnahme des Landesparteivorsitzenden XY an Parteitagen der Untergliederungen für Nichtparteimitglieder zunächst einmal irrelevant. Um die relevanten Teile der Gesellschaft für die Definition von Rollenerwartungen bzw. für die Überprüfung von deren Einhaltung zu bestimmen, übernimmt Dahrendorf (1971[1958]) die Kategorie der Bezugsgruppe (‚reference group') von Robert K. Merton (1957). Der Begriff der Bezugsgruppe „bezeichnet den Sachverhalt, dass ein Einzelner sein Verhalten an der Zustimmung oder Ablehnung von Gruppen orientiert", denen er selbst nicht zugehört, wobei es sich dabei nicht „um willkürlich gewählte Fremdgruppe[n] handelt" (Dahrendorf 1971[1958], S. 45), sondern um solche Gruppen, „zu denen seine Positionen ihn notwendig in Beziehung bringen" (Dahrendorf 1971[1958], S. 45). Das bedeutet, „dass jedes Positions- und Rollensegment eine Verbindung zwischen dem Träger

[und] einer oder mehrerer Bezugsgruppen herstellt" (Dahrendorf 1971[1958], S. 45). D. h. der Parteivorsitzende XY ist zwar selbst nicht Mitglied des Bezirksverbandes, dessen Parteitag er besucht, er entspricht allerdings der Erwartung dieser Bezugsgruppe seines Rollensegmentes ‚Landesparteivorsitzender-Parteiuntergliederung'. Durch dieses Verhältnis von Positionsinhaber und Bezugsgruppe bleibt diese Bezugsgruppe jedoch nicht ‚fremd' (was jedoch die oben zitierte Definition durchaus untergräbt – jedoch den von Dahrendorf (1971[1958]) gewählten Formulierungen entspricht).

Wie dargestellt, lässt sich die Position eines Menschen in der Gesellschaft durch seine unterschiedlichen Rollen bestimmen. Nun sind diese Rollen weder untereinander noch in sich frei von Widersprüchen und Konflikten. Erster lässt sich als Inter-, zweiter als Intrarollenkonflikt beschreiben (Dahrendorf 1971[1958]). Da der Landesparteivorsitzende XY neben dieser Rolle auch u. a. diejenige des Vaters und Ehemanns innehat, richten sowohl Kinder als auch Ehefrau Erwartungen an ihn, die im Widerspruch zu denen des Parteivorsitzenden stehen können, z. B. Wochenenden mit der Familie zu verbringen und gleichzeitig auf Kreisparteitagen, Dorffesten oder Strategiesitzungen des Landesvorstandes anwesend zu sein (Interrollenkonflikt). Als Landesparteivorsitzender lebt er aber auch in dem Konflikt, einerseits dem Grundsatzprogramm seiner Partei verpflichtet zu sein, und andererseits den Vorstellungen seiner Wähler (die es ihm überhaupt erst möglich machen, sein Grundsatzprogramm umsetzen zu können; Intrarollenkonflikt). Die gesellschaftliche Entwicklung ist dabei auch mit Änderungen von Rollenvorstellungen und auch der Verschiebung der Bedeutung zwischen unterschiedlichen Rollen verbunden: „Die Trennung der verschiedenen Sozialsphären hat zunächst zur Folge, dass die Familie sowohl im engeren Sinne der Intimsphäre als auch im weiteren des Herkunftsortes an Bedeutung verliert. Die Berufsrolle, Leistung und Erfolg im Beruf, bestimmen nach wirtschaftlichem Lebensstandard wie nach Prestige und Status das soziale Schicksal der Familie" (Dahrendorf 1965a, S. 124) weit stärker als die Herkunft, wodurch der Beruf zum zentralen Indikator für die Position einer Person in der Gesellschaft geworden ist.

Dass sich Gesellschaften wandeln, lässt sich – insbesondere in einem Buch Dahrendorfs über die Soziologie des Wandels – nahezu als sozialwissenschaftlicher Allgemeinplatz verstehen. Dies bedeutet allerdings auch, dass sich gesellschaftliche Normen und Rollen verändern können. Dies hat aber auch zur Folge, dass aus Muss-Erwartungen, sofern sie sich unter geänderten Bedingungen gesellschaftlich nicht mehr als praktikabel erwiesen haben, zu Soll-Erwartungen werden können oder sich gar zu Kann-Erwartungen entwickeln, sie können sogar gänzlich aufgehoben werden (Dahrendorf 1971[1958]). Ein prägnantes Beispiel hierfür sind Kleidungsvorschriften, galten vormals Schuluniformen als verpflichtend, sind heute Kleidungen von Schülern in Deutschland frei wählbar, bzw. unterliegen anderen Gruppennormen. Allgemeiner formuliert dies Dahrendorf (1971[1958], S. 50): „Eine Norm, die nicht von einer Mehrheit der Gruppenmitglieder gestützt wird oder zumindest toleriert wird, steht auf schwachen Füßen". Einen erheblichen Wandel haben auch die gesellschaftlichen Normen vollzogen, wie soziale Positionen verteilt werden. In der Vormoderne war diese Position weitgehend durch Geburt bestimmt: Der Sohn eines Bauern wurde Bauer, der eines Adeligen Adeliger, der eines Bürgers wurde Bürger. Eine wesentliche vertikale Mobilität gab es in der Gesellschaft nicht. In modernen Gesellschaften hat sich das Zuteilungsmuster für soziale Positionen wesentlich geändert, hier „wird das Erziehungssystem zum entscheidenden sozialen Mechanismus der Zuordnung sozialer erworbener [und nicht ererbter! Anm. O. K.] Positionen, zumindest insoweit diese in einem weiteren Sinn als Berufe ansprechbar sind" (Dahrendorf 1971[1958], S. 56). Abgestimmt mit den Bedürfnissen der Gesellschaft, werden Zeugnisse und Diplome von Schulen, Hochschulen und Universitäten als „Berechtigungsnachweis[e]" (Dahrendorf 1971[1958], S. 56) für erworbene Positionen vergeben.

Die Gesellschaft im allgemeinen, wie auch ihre Teile (vom Fußballverein über den Industriebetrieb bis hin zur Partei) lässt sich anhand der in ihr enthaltenen hierarchisch angeordneten Positionen bestimmen. Gerade in formell organisierten gesellschaftlichen Gebilden (wie z. B. dem Industriebetrieb oder der Partei) entstehen parallel zu dieser formalen Organisation informelle Gruppen (heute hat sich der Begriff ‚Netzwerk' dafür etabliert). Selbst Personen, die im Vollzug ihrer Rollen nur schwerlich zusammentreffen würden (wie in einem Großbetrieb ein Mitarbeiter des Einkaufs und einer der Produktion), können sich hier zusammenfinden. Diese Gruppen basieren „stets auf Sympathiebeziehungen geringerer (einzelne gemeinsame Interessen) oder größerer (Freundschaft) Intensität" (Dahrendorf 1965a, S. 88). Informelle Gruppen dienen dazu, neue Mitarbeiter in den Betrieb zu integrieren, die Kommunikation auch sensibler Inhalte jenseits des hierarchisch organisierten ‚Dienstwegs' zu erhalten, allgemein, für die soziale Integration im Betrieb zu sorgen. Jedoch sind diese informellen Gruppen auch durchaus „Kanäle, durch die sich Gerüchte in Windeseile fortpflanzen. Diese Gruppen können die Kooperationsbereitschaft fördern, aber auch hemmen" (Dahrendorf 1965a, S. 91). Informelle Gruppen können die Arbeitsleistung bremsen, durch Klatsch Kollegen und Vorgesetzte desavouieren und wilde Streiks initiieren (Dahrendorf 1959a, 1965a). Nicht nur die normgebundene Organisation von Gesellschaft macht sie zu einer ärgerlichen, auch die Abweichung von der Norm kann zu einem gesellschaftlichen Ärgernis werden. Somit kommt der Verbindlichkeit von Rollen eine die Gesellschaft strukturierende Funktion zu. Soziales Handeln erscheint für Dahrendorf – so

Matys, Brüsemeister (2012, S. 203) – als „Rollenhandeln, das von den Interessen in ungleichheitsrelevanten Konflikten um Macht bestimmt ist".

Quintessenz zu Kap. 6: Die Gesellschaft wird für den Einzelnen daher von einer ‚Tatsache' zu einer ‚ärgerlichen Tatsache', weil sie nicht nur Möglichkeiten eröffnet, sondern Möglichkeiten individueller Entwicklung beschneidet und diese Beschneidungen mit Sanktionen absichert. Das Konstrukt, das Dahrendorf zur Verdeutlichung der Wirkung von Werten, Normen und Rollen auf den Einzelnen erstellt, ist der ‚Homo sociologicus', der Mensch als Rollenträger an der Schnittstelle zwischen Gesellschaft und Person. Auch wenn der ‚Homo sociologicus' als ein von aller Individualität abstrahierter Mensch konzipiert ist, ist er doch nicht frei von Konflikten, denn diese können sich sowohl innerhalb einer Rolle ergeben (Intrarollenkonflikt), aber auch – da er stets unterschiedliche Rollen innehat – zwischen diesen Rollen (Interrollenkonflikt). Die Komplexität des Lebens in gesellschaftlichen Erwartungen ist darin noch nicht erschöpft: Gesellschaftliche Erwartungen an den einzelnen Menschen werden mit unterschiedlicher Verbindlichkeit an diesen herangetragen – und bei Nicht-Einhaltung der Erwartungen mit steigender Verbindlichkeit auch mit steigenden negativen Sanktionen bestraft. Damit werden die an den Einzelnen herangetragenen sozialen Erwartungen zu dem zentralen Element gesellschaftlicher Stabilität – und entsprechend für den Theoretiker des Konflikts und des Wandels Ralf Dahrendorf zum Gegenstand kritischer Auseinandersetzung.

Die Konsequenzen des ‚homo sociologicus' und die liberale Gesellschaft: Beiträge zum politischen Liberalismus

Im vorangegangenen Kapitel wurde der ‚homo sociologicus' in seiner ‚Außenleitung' behandelt, wie also Rollen und gesellschaftliche Normen das soziale Handeln von Menschen beeinflussen können. Im Folgenden wird der Frage nachgegangen, welche Konsequenzen eine starke Verhaftung des Menschen in Rollen für die Gesellschaft hat. Eine andere Gefahr für die demokratische Gesellschaft sieht Ralf Dahrendorf durch eine zunehmende Bürokratisierung, gegen die liberale Gesellschaften verteidigt werden müssten. Diese Themen werden in diesem Kapitel behandelt.

7.1 Der Verlust demokratischer Teilnahme: der ‚homo sociologicus' und die soziale Ungleichheit

Ralf Dahrendorf konstatiert immer wieder den Verlust der Teilnahme von Menschen an demokratischen Prozessen. Einen wesentlichen Grund für den Bedeutungsverlust des ‚demokratischen Menschen', zu dessen ‚Sozialcharakter' es zähle, „dass er die Kontroverse liebt, sie aber zügelt, indem er eine Verfassung von Spielregeln anerkennt, die die Grenzen der einzelnen Interessen abstecken" (Dahrendorf 1972, S. 194), sieht Dahrendorf in der zunehmenden Verbreitung des ‚außengeleiteten Menschen'. Dieser, mit dem ‚Homo sociologicus' eng verwandt, ist jedoch deutlich weniger abstrakt konzipiert, wurde wie folgt von Riesman (1950) in den wissenschaftlichen Diskurs eingeführt:

> Er will geliebt und nicht bekämpft werden. Demokratie heißt, dass Menschen ihre Interessen ausdrücklich formulieren, selbst wenn es sich um betonte Eigeninteressen

© Springer Fachmedien Wiesbaden GmbH 2017
O. Kühne, *Zur Aktualität von Ralf Dahrendorf,* Aktuelle
und klassische Sozial- und Kulturwissenschaftler|innen,
DOI 10.1007/978-3-658-17926-7_7

handelt. Aber der außengeleitete Mensch darf keine Eigeninteressen haben. Sein Radargerät sucht den Horizont ständig nach den Ideen, Haltungen und Interessen der anderen ab. Er will nicht nur geliebt werden, sondern er will auch so wie andere werden (Dahrendorf 1972, S. 195).

Dem stellt er – im Gefolge von Riesman (1950) – den innengeleiteten Menschen gegenüber. Innengeleitete Menschen seien nicht bereit, „ihre privaten Wünsche und Interessen" (Dahrendorf 1972, S. 197) an die Vorstellungen anderer, seien es Freunde, Verwandte, Nachbarn, Bekannte etc. oder – in totalitären Regimen – „die Vorschriften und Erwartungen der Partei und des Staates auszuliefern" (Dahrendorf 1972, S. 197) – ein Hang zur Konformität, den in ähnlicher Weise bereits Isaiah Berlin (1995[1969]) formuliert hatte: „Loyalitäten werden strenger geprüft; Skeptiker, Liberale, Individuen, denen ihr Privatleben und die eigenen Verhaltensmaßstäbe etwas bedeuten, werden, wenn sie keinen Wert darauf legen, sich mit einer organisierten Bewegung zu identifizieren, leicht zum Gegenstand von Befürchtungen oder Spott" (vgl. hierzu auch Dahrendorf 1979).

Den außengeleiteten Menschen beschreibt Dahrendorf (1972, S. 211) als den „Zwillingsbruder des [h]omo sociologicus", der in Kap. 6 beschriebenen Konstruktion des Menschen als „ein rollenspielendes Wesen, ein[es] entfremdete[n] Menschen, dessen Taten und Gedanken berechenbare Konsequenzen sozialer Normen und Institutionen geworden sind" (Dahrendorf 1972, S. 211). An dieser Stelle setzt auch die Kritik Dahrendorfs an Riesman an: Riesman habe dem außengeleiteten Menschen – dem Objektivitätspostulat von Wissenschaft folgend – zu wenig Kritik entgegengebracht, schließlich sei es kaum angenehmer, „in der außengeleiteten Theorie ohne Freiheit zu leben als in einem wirklich totalitären Staat" (Dahrendorf 1972, S. 213).

Einer Gesellschaft außengeleiteter Menschen liegt zugrunde, dass diese Gesellschaften weder Wandel noch Neuerung kennen: „Wandel und Neuerung müssen von jemandem ausgelöst werden, aber niemand von denen, die statt über die Schultern ihres Nachbarn blicken, bevor sie es wagen, irgendetwas zu sagen oder zu tun, wird jemals Urheber neuer Dinge sein" (Dahrendorf 1972, S. 203). Entsprechend kritisiert er die Tendenz der Bürokratie – im Sinne eines Staates, „der von selbst läuft" (Dahrendorf 1972, S. 207) –, die Möglichkeiten des Wandels auszuschließen, „die weder automatisch noch sehr angenehm sind" (Dahrendorf 1972, S. 207). Soziales Handeln folgt entsprechend „dem konstitutionellen Konservatismus der Bürokratie" (Dahrendorf 1972, S. 208). Dadurch gerät ein solcher Staat, der ‚von selbst läuft', in einen gefährlichen Zustand: „Er ist das strukturelle Gegenbild des Sozialcharakters, der eine Demokratie ohne Freiheit trägt" (Dahrendorf 1972, S. 209). ‚Demokratie ohne Freiheit' bezeichnet dabei einen Zustand, in dem das Prinzip der Gleichheit weit über die klassischen liberalen Grundrechte (wie das

Recht auf freie Meinungsäußerung, auf Freiheit der Versammlung u. v. m.) ausge-
dehnt wird und somit die Freiheiten des Einzelnen auslöschen kann (Dahrendorf
1972). So bedeutet Freiheit für Dahrendorf „die Chance, in einem differenzierten
Angebot eine Auswahl zu treffen" (Dahrendorf 1974, S. 9). Dies bedeutet, dass
Freiheit eine Gesellschaft zur Voraussetzung hat, in der auch ein differenziertes
Angebot zur Auswahl vorhanden ist. Eine gesellschaftliche Tendenz zur Steigerung der Gleichheit ist mit einer Entdifferenzierung verbunden, „das heißt, dass das
Angebot, das dem Einzelnen für seine Wahl offensteht" (Dahrendorf 1974, S. 9),
reduziert wird. Im Politischen bedeutet dies beispielsweise, dass mehrere politische
Konzepte (vertreten z. B. durch verschiedene Parteien) zur Auswahl stehen müs-
sen, verbunden mit dem Ziel, um die passendsten Strategien für Herausforderungen konkurrieren zu können. Entsprechend kritisiert er sowohl den Machtanspruch
von ‚Einheitsparteien' als auch die inhaltliche Konvergenz unterschiedlicher
Parteien. Auch wenn Dahrendorf (1974, S. 10) „unbegrenzte Wahlchancen im
Konsumgüterbereich keineswegs für das letzte Wort der gesellschaftlichen Entwicklung hält", also Wahlchancen durchaus auch für – aus nachvollziehbaren
Gründen (wie dem Schutz der Umwelt) -einschränkbar hält – so warnt er doch vor
den Konsequenzen „bei der Entwicklung zu mehr sozialer Gleichheit, die an sich
verständlich und auch legitim ist" (Dahrendorf 1974, S. 10), da sie zur Folge hat,
„dass am Ende eine Welt grauer Eintönigkeit entsteht" (Dahrendorf 1974, S. 10).
Die Konsequenz daraus fasst Dahrendorf knapp: „Eine freie Gesellschaft ist eine
möglichst differenzierte Gesellschaft" (Dahrendorf 1974, S. 10).

Entsprechend wertet Dahrendorf (1983a, S. 133) ökonomische wie auch soziale
Ungleichheit grundsätzlich durchaus positiv, da diese „Ungleichheit eine produktive Kraft des gesellschaftlichen Prozesses ist, weil sie zur Initiative und damit zur
Veränderung anregt". Doch auch Ungleichheiten sind nur in beschränktem Maße
gesellschaftlich produktiv, bzw. ihre Produktivität überwiegt ihre Destruktivität:
Ungleichheiten sind – Dahrendorf (2007a, S. 86) zufolge – gesellschaftlich zu
tolerieren, „wenn und solange sie nicht die Gewinner in die Lage versetzen, andere
an der vollen sozialen Teilnahme zu hindern oder aber, im Fall der Armut, Menschen daran zu hindern, von ihren Bürgerrechten Gebrauch zu machen". Von der
‚neuen' Armut in fortgeschrittenen Industriegesellschaften seien Menschen betroffen, die „unter dem Mangel der ‚Unvollständigkeit' [leiden]. Sie leben in unvoll-
ständigen Familien, zumeist Einelternfamilien ohne Vater. Sie haben keine vollen
Arbeitsstellen; die Gelegenheitsarbeit ist unter den verschiedensten Bezeichnungen zurückgekehrt. Sie sind unvollständige Staatsbürger, vielleicht Einwanderer
oder Asylsuchende" (Dahrendorf 1989c, S. 251). Gerade bei der Kombination dieser ‚Unvollständigkeiten' (wobei dieser Begriff durchaus der Diskussion bedarf)
werden die Bürgerrechte erheblich eingeschränkt. Dies kann wiederum, einerseits

rechtlich (z. B. die Teilnahme an Wahlen bei Einwanderern), andererseits durch
mangelnde ökonomische Ausstattung, die soziale Teilhabemöglichkeiten einschränken.

7.2 Die Entwicklung und die Gefahr der Bürokratisierung

Die von ihm konstatierte zunehmende Bürokratisierung in einer sich entwickeln-
den ‚Demokratie ohne Freiheit' veranlasste Dahrendorf (1972, S. 105) vor dem
Hintergrund seiner Konflikttheorie (siehe dazu Kap. 4) zu der These, „dass eine
Vielzahl von anscheinend weder zusammenhängenden noch zusammengehö-
rigen Phänomenen [hiermit bezog er sich auf Hippietum, Rauschgift, Alkoho-
lismus wie auch die Suche nach ‚neuen Lebensstilen'; Anm. O. K.] tatsächlich
Ausdrucksweisen desselben Protests gegen die Wirkungen einer bürokratisier-
ten Gesellschaft sind". Dieser Gedankengang findet zu Beginn der 1980er Jahre
in der Beobachtung der neu entstehenden Bürgerinitiativen seine Fortsetzung,
wobei Dahrendorf ‚negative' und ‚positive' Bürgerinitiativen unterscheidet. Unter
‚negativen' Bürgerinitiativen versteht er Verhinderungsinitiativen, während ‚positive' durch ein Eintreten für gesellschaftliche Fortentwicklungen gekennzeichnet seien. Seine Sympathie gilt zunächst den ‚positiven' Bürgerinitiativen, denn
„unsere Zukunft wird aus den konstruktiven Initiativen gebaut, an ihnen beweist
sich die innere Kraft einer freien Gesellschaft" (Dahrendorf 1983a, S. 119).
Jedoch kann er auch das Engagement von negativen Bürgerinitiativen nachvoll-
ziehen, bei denen „[d]er Protest gegen den Staat [...] meist schon Anfang und
Ende der Eigentätigkeit [...] ist" (Dahrendorf 1983a, S. 118). Denn „[w]er in
Deutschland daranginge, auf dem Weg der Selbsthilfe" die Verhältnisse verändern zu wollen, „würde wahrscheinlich alsbald feststellen, dass ihm das Staats-
examen fehlt, um bestimmte Dinge zu tun, oder die Genehmigung zur Ausübung
einer Tätigkeit oder jedenfalls irgendein Stempel, der nur unter endlosen Mühen
zu bekommen ist" (Dahrendorf 1983a, S. 118). Diesem Gedankengang folgend,
lässt sich die wachsende Zahl an negativen Bürgerinitiativen (heute z. B. gegen
die Errichtung von Windkraftanlagen, Stromtrassen, Verkehrsprojekten, Asylbe-
werberheimen, Neubaugebieten) als Ausdruck der durch die wachsende Bürokratie erstickten, Veränderungen offen gegenüberstehenden Kräfte der Gesellschaft
deuten (vgl. z. B. Weber und Kühne 2016; Weber et al. 2017), denn „Initiative
ist zumeist unbequem. Sie bedeutet Abkehr von dem, was tatsächlich ist, Abkehr
von den Instanzen, die immerfort zur Teilnahme aufrufen" (Dahrendorf 1984,
S. 121).

An die Stelle der in der Gesellschaft verwurzelten Amateurpolitiker sei eine zunehmend homogene Gruppe von „professionellen Politikern, Beamten, Beratern, ‚akkreditierten' Lobbyisten, Journalisten, Universitätsprofessoren, Assistenten in vielen Stellen" (Dahrendorf 1972, S. 106) getreten, die den Charakter von Politik fundamental verwandelt habe. An die Stelle autonomer Entscheidungen sei die Ausführung der Entscheidungen aus „Sachgesetzlichkeiten eines ‚Systems'" (Dahrendorf 1972, S. 107) getreten. Die Konsequenz aus dieser zunehmenden Differenzierung von Politik ist auch eine Dezentralisation von Macht, denn auch „in der Ausübung von Macht ist ein Vorgang in so viele Teilvorgänge aufgeteilt worden, dass es schwer wird, das Ganze in irgendeinem der Einzelteile zu entdecken" (Dahrendorf 1972, S. 125). Somit hat sich die herrschende Klasse in einen „Markt von Vetogruppen" (Dahrendorf 1972, S. 126) aufgelöst. Dies bedeutet eine „Reduktion der Macht auf die Verwaltung in die Macht über Dinge, oder einfach die Macht des Gesetzes" (Dahrendorf 1972, S. 126), eine Analyse in der er David Riesman (1950) folgt. Die von Marx konstatierte dichotome Trennung in die Welt der Mächtigen und die Welt der Ohnmächtigen hat sich damit differenziert, schließlich fallen „die Skalen der Herrschaft, des Prestiges und des Status nicht mehr zusammen […]. Mancher Arbeiter verdient mehr als der Mann im Büro, der ihn herumschubsen kann" (Dahrendorf 1972, S. 149).

Bei der Neigung von Politik und Bürokratie in Deutschland, einen „Konsens bis hin zur Sklerose" (Dahrendorf 1987, S. 74) zu suchen, ist die Tendenz festzustellen, „dass Konflikte, die durchaus zu bewältigen wären, dazu neigen, zu Kämpfen für oder gegen ‚das System' zu werden" (Dahrendorf 1987, S. 74). Konflikte, die also zu regeln gewesen wären, mutieren zu Grundsatzfragen (siehe hier die oben genannten Raumkonflikte; siehe dazu auch Abschn. 5.2). Anstatt also pragmatisch Konflikte zu regeln (wie die Frage welche Standorte für Windkraftanlagen geeignet sind), werden lokale – und durchaus rational regelbare Konflikte – zur moralischen Frage, ob das ‚das Recht auf Heimat' oder ‚das Überleben der Menschheit' moralisch überlegen sei (siehe Weber et al. 2016; Weber und Kühne 2016).

Einen wesentlichen Grund für die ‚Verharzung' der bundesrepublikanischen Politik liege darin, dass „das Parlament […] sein Initiativrecht an die Exekutive ausgeliefert" (Dahrendorf 1984, S. 124) habe. Diese habe sich einerseits an die ‚Sonderinteressengruppen' der Massengesellschaft, also Personengruppen, die in der Lage sind, Teile moderner Volkswirtschaften lahmzulegen (oder zumindest ihre Funktion einzuschränken; wie Lokführer, Piloten, aber auch Industrielle), andererseits an die Bürokratie, gekettet. Bürokratie sei, so führt Dahrendorf (1980a, S. 52) an anderer Stelle aus, „natürlich kein historischer Zufall. Max Weber selbst hat das Wachstum öffentlicher und privater Verwaltungen mit jener

Rationalität verbunden, die die moderne Welt durchweg bestimmt". Diese Rationalität der Moderne sei geprägt von zweckhaftem Handeln, das sich auch in Rechenhaftigkeit äußert, in Buchhaltung, dem Verlangen nach Begründungen von Thesen wie auch Entscheidungen und Urteilen. Auch zeigt es sich in der Gewinnung wissenschaftlicher Erkenntnisse und deren Durchsetzung sowie der rechtlichen Formalisierung des Lebens, allesamt „Prozesse, die moderne Gesellschaften von einer Welt unbefragter Traditionen unterscheiden" (Dahrendorf 1980a, S. 53). Nicht der Wunsch, Dinge so zu regeln, wie sie seit jeher geregelt wurden, ist selbstverständlich, sondern das Hinterfragen dieser Traditionen, also zu fragen, ob eine Regelung der Dinge – etwa auf Grundlage wissenschaftlicher Erkenntnisse – nicht rationaler möglich sei.

Die zunehmende Bürokratisierung in den westlichen Staaten seit den späten 1960er Jahren und insbesondere der 1970er Jahre sieht er in unterschiedlichen, aber miteinander in Beziehung stehenden Prozessen begründet: Mit den Reformen der späten 1960er Jahre war die Expansion höherer Bildung einhergegangen und mit dem Versprechen, Aufstieg durch Bildung zu erreichen, wurde auch dessen Einlösung verbunden. Auch bedeutete für zahlreiche Hochschulabsolventen, die kritische Haltung gegenüber der Privatwirtschaft jener Zeit inkorporierend, „‚öffentlich' so viel wie ‚erstrebenswert'" (Dahrendorf 1994b, S. 194). Die Reformen jener Zeit machten zudem „mehr Regierungstätigkeit nötig" (Dahrendorf 1994b, S. 194), die – als unintendierte Nebenfolge – mit den Demokratisierungsbemühungen einherging, denn „Demokratisierung bedeutet neue Gremien und viele Sitzungen; Gremien und Sitzungen aber brauchen nicht nur viel Zeit, sondern auch viel Papier. Demokratisierung heißt die Schaffung von Berufungsinstanzen für jede Entscheidung und damit die Produktion von Akten" (Dahrendorf 1994b, S. 195). Persönliche Entscheidungen müssen ausgiebig und aktenkundig begründet werden. Daraus entsteht eine paradoxe Situation: „Anhänger der herrschaftsfreien Kommunikation und der vollen Begründung aller Werturteile mögen glauben, dass sie unbezweifelte Autorität durch die Teilnahme aller an allem ersetzen, aber zunächst unterwerfen sie alle der subtilen Folter der Bürokratie" (Dahrendorf 1994b, S. 195).

Als einen weiteren Grund für die zunehmende Bürokratisierung jener Zeit identifiziert er die „Vorlieben und Überzeugungen der Mehrheitsklasse" (Dahrendorf 1994b, S. 195). Diese – zum großen Teil selbst in Staatsdiensten stehend oder in Form von Transferzahlungen von diesem abhängig – achtet „die Werte der Sicherheit und des geordneten Vorankommens, der verlässlichen und nicht zu anstrengenden Berufsarbeit und einer berechenbaren Unpersönlichkeit aller Herrschaftsverhältnisse" (Dahrendorf 1994b, S. 195) hoch. Ein solches Leben mag nicht innovativ, herausfordernd oder von Nervenkitzeln geprägt sein, doch ist es in der Lage, bescheidene bis

mittlere Ansprüche kontinuierlich und voraussehbar zufriedenzustellen und gegen die
Unsicherheiten des Lebens in Form eines immer weiter expandierenden Sozialstaates abzusichern. Dieser wurde auf ebenso expandierenden Selbstzuweisungen von
Aufgaben durch die Politik (mit)begründet: „Überall und in jeder Hinsicht nahmen
Regierungen für sich in Anspruch, mit sämtlichen Fragen fertig zu werden, und das
wurde auch von ihnen erwartet" (Dahrendorf 1994b, S. 198). Da die Politik (und
ihre Bürokratie) den in den Himmel schießenden Erwartungen nicht gerecht wurde
(und wohl auch nicht gerecht werden konnte), „wartete die Enttäuschung an jeder
Straßenecke" (Dahrendorf 1994b, S. 198). Schließlich war mit der zunehmenden
Umverteilung – als Kehrseite der Medaille – auch eine stets wachsende Steuer- und
Abgabenlast für Bürgerinnen und Bürger verbunden. Diese Entwicklungen können
– so Dahrendorf (u. a. 1992) – auch als Ergebnis des ‚sozialdemokratischen Jahrhunderts' gelten, in dem zwar auf der einen Seite die Lebenschancen von der Herkunft
zunehmend entkoppelt und soziale Sicherungssysteme errichtet wurden, aber auf der
anderen Seite auch eine zunehmende Bürokratisierung beobachtet werden konnte.
Der Erfolg der sozialdemokratischen Politik – der Schaffung einer in Wohlstand
lebenden Mehrheitsklasse – „machte sozialdemokratische Parteien zu einer defen-
siven, um nicht zu sagen konservativen Kraft, oder entbehrlich, oder beides" (Dahrendorf 1992, S. 69). Die Auflösung einer zusammenhängenden Arbeiterklasse wie
auch der Einflussverlust einer traditionellen (aristokratischen bzw. großindustriellen)
Oberklasse bedeutete „vor allem, dass die traditionelle soziale Basis der Sozialdemokratie zerbröselt" (Dahrendorf 1992, S. 69). Mit der Überführung des Klassenkampfes „in die soziale Mobilität von einzelnen" (Dahrendorf 1992, S. 69) ging auch
das revolutionäre Interesse der Arbeiterschaft verloren. In Verbindung mit der Erweiterung der bürokratischen Organisation der Gesellschaft konnte das „elementare […]
Bedürfnis" (Dahrendorf 1992, S. 71), auch der Arbeiterschaft, „Dinge selbst und
auf eigene Weise zu tun und nicht herumgeschubst zu werden von Figuren in Amts-
stuben, die sie Formulare ausfüllen und Schlange stehen lassen, nur um ihnen am
Ende unbefriedigende Auskünfte zu geben" (Dahrendorf 1992, S. 71), nicht befriedigt werden. Doch auch der Versuch, die Sozialdemokratie durch die Formulierung
eines ‚dritten Weges, jenseits von links und rechts' zu reformieren, sieht Dahrendorf
kritisch, wenn auch hinter der Kritik „doch ein Maß an wohlwollender Achtung für
diejenigen [steht], die das Spiel erfunden haben, vor allem für ihren Cheftheoretiker
Anthony Giddens" (Dahrendorf 2004, S. 198). So attestiert Dahrendorf der affirmativ in diesem Ansatz besetzten Idee der Flexibilisierung wie auch der Kombination
einer stärkeren Wettbewerbsorientierung (bei gleichzeitig klassisch sozialdemokrati-
scher Sozialpolitik) die Möglichkeit der Spaltung der Sozialdemokratie zwischen Old
Labour und New Labour. Während erstere versucht, Sicherheit durch ein Festhalten
„an den alten Gewissheiten" (Dahrendorf 2004, S. 201) zu erhalten, betont weitere

„die neuen Chancen für individuelle Initiative und das Maß, in dem Menschen ihr Wohlbefinden verbessern können, wenn sie sich den neuen Herausforderungen stellen“ (Dahrendorf 2004, S. 201). Eine weitere Kritik an dem Konzept des ‚Dritten Weges‘ äußert Dahrendorf (2004, S. 202) an dessen Bezeichnung, denn es gibt in einer offenen Welt „101 Wege oder mit anderen Worten, eine unbestimmte Zahl“. Wie es „viele Kapitalismen, nicht nur den von Chicago“ (Dahrendorf 2004, S. 202) gibt, gibt es auch viele verschiedene Demokratien, „nicht nur die von Westminster“ (Dahrendorf 2004, S. 202). Der Hauptkritikpunkt Dahrendorfs ist jedoch: „Beim ‚Dritten Weg‘ geht es weder um offene Gesellschaften noch um Freiheit“ (Dahrendorf 2004, S. 203), er sei getragen von der „Dekonstruktion traditioneller demokratischer Strukturen. Parlamente sind unmodern; Volksabstimmungen und Fokusgruppen sollen ihren Platz einnehmen“ (Dahrendorf 2004, S. 203). Der ‚Dritte Weg‘ verlange, „dass alle, einschließlich von Körperbehinderten und alleinerziehenden Müttern, arbeiten“ (Dahrendorf 2004, S. 203). Der Staat, der gemäß den Vorstellungen der Protagonisten des ‚Dritten Weges‘ entsteht, „würde nicht mehr die Mittel bereitstellen, die Menschen brauchen, sondern statt dessen den Leuten sagen, was sie tun sollen“ (Dahrendorf 2004, S. 204).

Die bereits angesprochene Weiterentwicklung der Marxschen Idee der Fruchtbarkeit von Konflikten (siehe auch Kap. 4), bei gleichzeitiger kritischer Auseinandersetzung mit dem Gedankengut des Marxismus, Neo-Marxismus und Sozialismus, durchzieht die Publikationen von Ralf Dahrendorf. Sie dient dabei auch immer wieder als Kontrastfolie zur Darstellung liberalen Gedankengutes, einschließlich seiner eigenen Gedanken hierzu. Diese werden immer wieder auf die Kernfrage des Verhältnisses von Gleichheit und Freiheit zurückgeführt, wie z. B. in seinen knappen Definitionen von Sozialismus und Liberalismus in ‚Konflikt und Freiheit‘: So ziele der Sozialismus „auf die soziale Erfüllung des Gleichheitsversprechens der Staatsbürgerrechte hin“ (Dahrendorf 1972, S. 222), während das bleibende Ziel des Liberalismus darin bestünde, „die Vielfalt der Lebenschancen des Einzelnen zu vergrößern. Dabei gilt Vielfalt sowohl der Art und Ausprägung wie dem Rang und der Reichweite der Lebenschancen nach. Liberalismus will Unterschied, denn Unterschied heißt Freiheit“ (Dahrendorf 1972, S. 222). Entsprechend einer solchen Neuformulierung des Liberalismus geht es diesem nicht mehr nur allein um die Sicherung grundlegender gleicher Bürgerrechte (wie Freiheit der Meinungsäußerung, Koalitionsfreiheit, Teilnahme an freien, gleichen und geheimen Wahlen etc.; vgl. auch Knoll 1981), sondern vielmehr wird „der Hauptorientierungspunkt des Liberalen der Einzelne in der Fülle seiner Entwicklungsmöglichkeiten; die Hauptstoßrichtung eines neuen Liberalismus aber geht gegen ein System bürokratischer Organisation und vorgeblicher Rationalität, das eben

diese Fülle begrenzt" (Dahrendorf 1972, S. 222). Den Unterschied zwischen
‚altem' und ‚neuem' Sozialismus konturiert Dahrendorf im Kontext sich wan-
delnder gesellschaftlicher Herausforderungen: „Galt die Auseinandersetzung
des alten Liberalismus vor allem den Hörigkeiten abgestandener Traditionen,
so gilt die des neuen Liberalismus den neuen Hörigkeiten der Organisation, der
Bürokratie, der Technologie, also des Systems vorgeblicher Sachgesetzlichkeiten, das heute den Einzelnen entmündigt" (Dahrendorf 1972, S. 223). Schließlich wohnt – so Dahrendorf (1994b, S. 729) – allen staatlichen Instanzen „ein
Hang zur Totalität inne. Der Staat will immer mehr Macht, so oft man auch
betonen mag, dass der Staat nicht anderes ist, als die Menschen, die ihn tragen". Dabei impliziert Bürokratie einen „teure[n] Reibungsverlust in de[m]
Umverteilungsprozess" (Dahrendorf 1987, S. 66), weil die „Probleme, die
durch Sozialpolitik gelöst werden sollen, […] der Natur der Sache nach individuell [sind], bürokratische Lösungen sind der Natur der Sache nach generell.
Sie verfehlen oft gerade jene individuelle Not, auf die sie zielen" (Dahrendorf 1983a, S. 104). Dies bedeutet auch für die bedürftigen Personen, also
die eigentlichen Zielpersonen des Sozialstaates, dass sie „nicht sorgende Hel-
fer oder rasche Hilfe, sondern zunächst einmal Wartezimmer und Formulare
und Beamte und oft erniedrigende Verfahren vorfinde[n]" (Dahrendorf 1987,
S. 142). Dabei entwickeln Menschen – stellt Dahrendorf (1981, S. 7) fest – zur
Bürokratie (wie zu anderen sozialen Phänomenen auch) vielfach ein paradoxes
Verhältnis, indem sie sie zugleich befürworten und ablehnen: „Sie wissen, dass
sie bestimmte soziale Entwicklungen brauchen, um ihre eigenen staatsbürgerlichen Rechte wahrnehmen zu können. Zugleich entwickeln sie aber ein wach-
sendes Ressentiment gegen jede Art von Bevormundung, in diesem Falle durch
eine undurchschaubare Bürokratie".

Aus einer solchen, bürokratiekritischen Analyse heraus definiert Dahrendorf
die Rolle von Liberalen zu gesellschaftlichen Institutionen, hier insbesondere
Politik und Verwaltung: „Liberale vertreten nicht in erster Linie soziale Institutionen, sondern sie sprechen im Namen der Kräfte, die diese Institutionen auf
Trab halten und vorantreiben" (Dahrendorf 1979, S. 165). Dies zeigt das prinzipiell gespannte Verhältnis von Liberalen zum Staat, das Dahrendorf (1983b, S. 66)
noch weiter pointiert: „Ich würde sogar so weit gehen zu sagen, im Liberalismus
steckt eine Spur von Anarchismus – die Hoffnung, dass Menschen ihre Verhältnisse selber ordnen, die Hoffnung, dass der Markt die regulierende Instanz des
Staates überflüssig macht". Dies steht als Ausdruck für das liberale Misstrauen
gegen Macht. Das Verhältnis von Anarchismus und Liberalismus verdeutlicht
Dahrendorf (1991, S. 386) wie folgt: „Liberalismus ist kein Anarchismus, aber

Anarchismus ist in einigen Teilen eine extreme Form des Liberalismus". Dies führt uns zum Thema des Dahrendorfschen Liberalismusbegriffs. Dieser wird im Folgenden genauer beleuchtet.

7.3 Die Verteidigung der liberalen Gesellschaft: von Marktwirtschaft und liberalen Rechten

Wie bereits an anderer Stelle dargestellt (Kap. 4), lassen sich Herrschaft und Unterordnung als „universelle Sozialbeziehungen" (Dahrendorf 1972, S. 276) verstehen, die sich – so fügt er ironisch hinzu – „nur im utopischen Roman abschaffen lassen" (Dahrendorf 1972, S. 276). Für Dahrendorf (1966, S. 24) ist Ungleichheit ein Charakteristikum der Gesellschaft, denn „der harte Kern der sozialen Ungleichheit liegt stets in der Tatsache, dass Menschen als Träger sozialer Rollen, je nach der Lage der Rollen zu den herrschenden Erwartungsprinzipien von Gesellschaften, Sanktionen unterliegen durch die die Geltung dieser Prinzipien garantiert wird". Kurz gefasst: Die Ursache der Ungleichheit zwischen Menschen liegt für Dahrendorf in dem Vorhandensein von Verhaltensnormen, die durch Sanktionen abgesichert sind. Die Herausforderung einer legitimen Gesellschaftsordnung besteht darin, diese Ungleichheiten auf Grundlage „der Gleichheit des staatsbürgerlichen Status" (Dahrendorf 1972, S. 276), im Sinne einer „Gleichheit ihrer [der Menschen; Anm. O. K.] Rechte in der Gesellschaft" (Dahrendorf 1961, S. 383), zu legitimieren: „In dem Maße, in dem die Chance der Herrschaft und die Wirklichkeit der Legitimität durch Zustimmung (politisch: das passive und das aktive Wahlrecht) allgemein wird, verliert das Herrschen und Dienen seinen willkürlichen Zwangscharakter und wird vereinbar mit der gleichen Freiheitschance aller" (Dahrendorf 1972, S. 276–277). Dies hat jedoch zur Voraussetzung, dass „nicht rational legitimierte Macht beseitigt wird" (Dahrendorf 1972, S. 277), was im wirtschaftlichen Bereich bedeutet, dass Macht basierend auf Besitz nicht für eine Legitimation ausreicht, sondern durch den Konsens der Beherrschten ergänzt werden muss (durch Anerkennung des Konflikts und des Rechts auf Organisation der rivalisierenden Konfliktpartei, z. B. in Form von Gewerkschaften). Dies bedeutet aber auch, „dass politische Macht auf Grund von wirtschaftlicher Macht illegitim ist und beseitigt werden muss" (Dahrendorf 1972, S. 277). Hier zeigt sich deutlich die Konzeption einer Gesellschaft, in der die Marktaktivitäten durch rechtliche Grenzen gelenkt werden, allerdings auch (nach Möglichkeit) nicht durch wirtschaftliche Aktivitäten des Staates beeinflusst werden. Dieser Einsatz von Liberalen für die Marktfreiheit basiert allerdings nicht, wie ihnen häufig von ‚Neoliberalismuskritikern' unterstellt wird (z. B. Harvey 2005), darauf, dass „er ökonomische Effizienz als einzige Wertorientierung gelten lässt, sondern weil die Marktwirtschaft die einzige Wirtschaftsform ist, die mit dem individuellen Grundrecht der Freiheit in Übereinstimmung steht und die besten Rahmenbedingungen für eine selbstverantwortliche Lebensgestaltung bietet" (Kersting 2009, S. 29). Dabei lässt sich die wirtschaftliche Aktivität mit der Maximierung von Lebenschancen verbinden: „Wirtschaftliches Handeln dient der Wohlfahrt der Menschen. Die Wirtschaft funktioniert desto besser, je mehr sie die Wohlfahrt erhöht – die größte Wohlfahrt der größten Zahl" (Dahrendorf 1980c, S. 47). Der Markt, der Dahrendorf vorschwebt, ist geprägt von einem hohen Grad an Dezentralisation, also geprägt von vielen Marktteilnehmern und durch politische Grenzen reglementiert. Dort, wo Grundrechte betroffen sind, ist er auch geprägt von staatlicher Organisation und Einstellungen, die ihn nicht bereits zum Sozial-Liberalen machen, zu stark ist seine Präferenz für Konflikte, Konkurrenz und Wettbewerb anstelle von Konsens, Kooperation und Harmonie, wie Gratzel (1990) feststellt.

Die Verteidigung liberaler Rechte obliegt in einer repräsentativen Demokratie zunächst der Politik, aber auch der Öffentlichkeit. Diese Öffentlichkeit – stellt er 1969 fest – rücke zunehmend in den Fokus problematisierender Betrachtung: Sie ist „das Objekt der Manipulation, passiv, nicht zu eigener Prägung seiner Rollen, geschweige denn zum Protest in der Lage" (Dahrendorf 1969, S. 3). Dieser Apathie der Öffentlichkeit müsse – so charakterisiert Dahrendorf (1969) die Position weiter Teile von Politik und Wissenschaft – mit politischer Bildung an Schulen und Hochschulen begegnet werden, um sie nicht zum wehrlosen Objekt des Spiels um Macht zu machen (so die stark verkürzte Position von Habermas 1962) und sie zu allgemeiner politischer Teilnahme zu bewegen. Dahrendorf lehnt – aufgrund liberaler Überlegungen – eine solche Art ‚totaler' Öffentlichkeit eines fundamentaldemokratischen Ansatzes ab: „Es ist ein Element freiheitlicher Verhältnisse, dass die Öffentlichkeit nicht aus einer Menge gleich motivierter und in gleicher Weise teilnahmeorientierter Individuen besteht" (Dahrendorf 1972, S. 229). Rund zehn Jahre später legt er seine Kritik an einer ‚Basisdemokratie' in einem Interview mit Franz Kreuzer genauer dar: „Die Vorstellung einer Demokratie, die aus den ‚Graswurzeln' herauswächst, bei der alle Entscheidungen wie Dämpfe aufsteigen und dann am Ende dadurch legitimiert sind, dass sie wie Dämpfe aufgestiegen sind, ist mir völlig fremd" (Dahrendorf 1983b, S. 68). Die Vorstellung von Basisdemokratie sei eine utopische, die „Innovationen enorm schwierig" (Dahrendorf 1983b, S. 68) mache, da sie häufig zur Erstarrung führe. Dies gelte sowohl für die Marxsche Utopie der finalen Gesellschaft, nach der letzten Revolution, wie auch für „Habermas' Sehnsucht nach einer Gesellschaft des ‚herrschaftsfreien Diskurses', des Konsenses durch freiwillige und permanente Kommunikation unter

Gleichen" (Dahrendorf 2004, S. 21), als „eine Idee des Ausstiegs aus der erfolgs-
orientierten Welt der Realität" (Dahrendorf 1994a, S. 321). Damit verfehle sie das
Ziel, „das sie sich stellt: Den Menschen ihre Freiheit in einer offenen Gesellschaft
zu garantieren" (Dahrendorf 1969, S. 4). Anstelle einer ständig präsenten ‚Basisöf-
fentlichkeit' zu folgen, gliedert er die Öffentlichkeit in drei Mengen:

1. Die ‚latente Öffentlichkeit'. Diese besteht aus den Nichtteilnehmenden, denen
   es sowohl durch unzureichende Motivation als auch fehlendes Interesse, oder
   auch durch „widerstreitende Einflüsse" (Dahrendorf 1972, S. 230) an Möglichkeiten der Einflussnahme mangeln kann.
2. Die ‚passive Öffentlichkeit'. Diese ist „als Publikum und Wähler sporadisch
   im politischen Prozess" (Dahrendorf 1972, S. 230) präsent, ihre maximale
   Einflussnahme erstreckt sich auf eine nominelle Mitgliedschaft einer Organisation.
3. Die ‚aktive Öffentlichkeit'. Diese besteht aus Personen, die regelmäßig und
   mit eigenen Vorstellungen am politischen Prozess teilnehmen, Personen, „die
   Ämter annehmen und in ihren Reden die Nichtteilnahme der anderen bedau-
   ern" (Dahrendorf 1972, S. 230).

Die Größe der einzelnen Öffentlichkeiten kann zeitlich wie auch räumlich stark
schwanken. Insbesondere in Revolutionszeiten umfasst die ‚aktive' Öffentlichkeit
große Teile der Bevölkerung, nach der Phase der Revolution differenziert sich die
Öffentlichkeit stärker aus, allerdings auf Grundlage geänderter gesellschaftlicher
Strukturen, sofern die Revolution erfolgreich war (Dahrendorf 1969). Dass eine
nahezu vollständige Aktivierung der Öffentlichkeit auch subnational und in der
Gegenwart erfolgen kann, zeigt sich beispielsweise lokal beim Widerstand gegen
den Bau eines Windparks oder regional von Stromtrassen (vgl. Leibenath und
Otto 2013; Weber und Kühne 2016; Weber et al. 2017).
    Die fundamentaldemokratische Forderung nach einer „grenzenlos aktiven
Öffentlichkeit aller Bürger" bezeichnet er (in Zeiten nach dem Klassenkampf)
als Irrtum, schließlich verlange Initiative nach Initiatoren und diese müssten
sich aus der Menge der weniger aktiven Öffentlichkeit abheben können. Sei dies
nicht der Fall, müsste – im Sinne der intendierten Gleichbehandlung – den Initiatoren die Initiative entzogen werden (Dahrendorf 1972). Zwei Jahrzehnte später vertieft er seine Kritik: Ideen wie die allseits ‚aktive Öffentlichkeit' und die
‚aktive Staatsbürgerschaft' legten den „Akzent vornehmlich auf die Verpflichtun-
gen […], die sich mit der Mitgliedschaft in einer Gesellschaft verbinden" (Dahrendorf 1992, S. 123). Zwar gäbe es in Gesellschaften Pflichten, „wie etwa den
Gehorsam gegenüber den Gesetzen oder das Steuernzahlen; doch sollten diese so

begrenzt wie möglich gehalten werden" (Dahrendorf 1992, S. 123; ähnl. Dahrendorf 2004). Die Entscheidung, sich an einer Wahl zu beteiligen, sich in die Privatheit zurückzuziehen oder einer Erwerbsarbeit nachzugehen, solle hingegen jedem Einzelnen überlassen werden. Das heißt: Ob der Einzelne Teil der ‚aktiven', der ‚passiven' oder der ‚latenten' Öffentlichkeit sein, oder möglicherweise von dem einen in den anderen Status wechseln will, muss – so Dahrendorf – der freien Meinungsbildung überlassen werden. Dieser Argumentation gegen die ‚totale' Öffentlichkeit folgend, steht Dahrendorf auch der Referendumsdemokratie kritisch gegenüber: „Volksentscheide sind eine Folge der zunehmenden Schwäche der zwischen Volk und Macht vermittelnden, intermediären Instanzen" (Dahrendorf 2003b, S. 75). Da diese von den Wählern verlangten, „Entscheidungen gleichsam aus dem Stegreif zu treffen" (Dahrendorf 2003b, S. 75), handele es sich um „Schnappschüsse" (Dahrendorf 2003, S. 75), ohne hinreichend fundierte Diskussion, „die ein wesentlicher Grundzug der Demokratie ist" (Dahrendorf 2003, S. 75). Auch könne ein Referendum zu einem „Popularitätstest für Politiker und Regierungen gebraucht sowie missbraucht werden, weil es die vermittelnden Institutionen gezielt ausschaltet" (Dahrendorf 2003, S. 76).

Angesichts der bislang gemachten Ausführungen, eigens zu Konflikt und Wandel, erscheint die Kennzeichnung des ‚Liberalismus' bei Ralf Dahrendorf (1979, S. 61) in ihrer Knappheit wenig überraschend: „Liberalismus ist notwendig eine Philosophie des Wandels". Zentral ist im Liberalismus (worauf sein Name bereits verweist) der Wert der Freiheit als „Abwesenheit von Zwang" (Dahrendorf 2007b, S. 26). Diese Abwesenheit von Zwang erläutert er: „Menschen sind in dem Maße frei, in dem sie ihre eigenen Entscheidungen treffen können. Im Zustand der Freiheit finden wir Verhältnisse, die Zwänge auf ein Minimum reduzieren. Ziel des Liberalismus bzw. der Politik der Freiheit ist, dass es unter gegebenen Beschränkungen ein Maximum an Freiheit gibt" (Dahrendorf 2007b, S. 26). Dahrendorf (2007a, S. 8) fasst Freiheit nicht als einen Zustand auf, „also die bloße Möglichkeit der Erfüllung, sondern [definiert] Freiheit als Tätigkeit, die Lebenschancen wirklich macht" (zu Lebenschancen mehr in Kap. 8). Zentraler Bezugspunkt der politischen Überlegungen Dahrendorfs ist das Individuum, insofern bezieht er sich in besonderer Weise auf „die Verteidigung seiner Unversehrtheit, auf die Entfaltung seiner Möglichkeiten, auf seine Lebenschancen. Gruppen, Organisationen, Institutionen sind nicht Selbstzweck, sondern Mittel zum Zweck der individuellen Entwicklung" (Dahrendorf 1979, S. 135). Entsprechend versteht er den Begriff der Freiheit konstitutiv individuell, wenn auch mit gesellschaftlicher Wirkung: „Er gilt für Individuen und hat zugleich einen universellen Anspruch. Aber nur Individuen können frei sein. Es handelt sich deshalb nur um Metaphern, wenn man von einem ‚freien Volk' oder einem ‚freien Land' spricht, es sei denn, man bezieht sich explizit auf die ‚Verfassung der Freiheit'" (Dahrendorf 2007b, S. 26). Auch in einem anderen Bereich der Zuschreibung kollektiver Verhältnisse hat Dahrendorf ähnliche Vorbehalte, nämlich im Bereich der Schuld: Am Beispiel des Umgangs mit den Naziverbrechen hinterfragt er den Gedanken der Kollektivschuld der Deutschen, „Kollektivverantwortung gewiss, auch Kollektivscham, aber wenn Schuld und Sühne in kollektive Kategorien gewendet werden, entlasten sie nicht nur Individuen von ihrem Anteil am Bösen, sondern sie werden auch von relevanten Urteilen zu bloßen Metaphern" (Dahrendorf 2004, S. 79).

Die Entfaltung individueller Freiheitsrechte ist an eine rechtlich gefasste Gesellschaft gebunden, die ihr Lebenschancen eröffnet, denn „Liberalismus ist ein zivilisatorischer Prozess" (Dahrendorf 1993, S. 94). Die ‚Verfassung der Freiheit' wiederum wird durch den konstitutionellen Rahmen einer Gesellschaft bestimmt. Entsprechend unterscheidet Dahrendorf (1992, S. 46) zwischen ‚Verfassungspolitik' und ‚normaler Politik': „Verfassungspolitik hat es mit dem Rahmen der sozialen Ordnung zu tun, mit dem Gesellschaftsvertrag sozusagen und dessen institutionellen Formen; bei der normalen Politik dagegen geht es um die von Interessen und sonstigen Präferenzen bestimmten Richtungen des Handelns innerhalb des Rahmens". Eine Sache der ‚normalen Politik' sei die Forderung nach der Privatisierung der Stahlindustrie, die Entscheidung für die „Einrichtung freier und fairer Wahlen ist eine Sache der Verfassungspolitik" (Dahrendorf 1992, S. 46). Einen fundamentalen Unterschied zwischen Verfassungspolitik und normaler Politik sieht er in den Wahlmöglichkeiten. Diese seien in der Verfassungspolitik quasi bipolar, während sie in der normalen Politik plural seinen: „In der Verfassungspolitik gibt es keine zwei Wege, oder vielmehr gibt es da nur zwei Wege, nämlich den der Freiheit und den der Unfreiheit, während in der normalen Politik hundert Optionen denkbar sind und in der Regel drei oder vier zur Auswahl stehen" (Dahrendorf 1992, S. 47). Fragen der Verfassungspolitik wie Fragen der normalen Politik zu behandeln, ist mit der Gefahr verbunden, die eigentlichen Prinzipien der Verfassungspolitik, bei Dahrendorf, der Verteidigung der Freiheit, zu gefährden. Doch lehnt er auch den umgekehrten Fall ab, was er anhand der Auffassung des Liberalismus von Hayek (der im Wesentlichen eine strikte Begrenzung der Zuständigkeit des Staates auf innere und äußere Sicherheit sowie der Schaffung eines verlässlichen Rechtsrahmens für Markt und Gesellschaft) erläutert:

> Ich kann Hayek für seine Verfassungspolitik nicht kritisieren und würde das auch nicht versuchen, doch hat er eine unselige Tendenz, alle Politik, und vor allem Wirtschaftspolitik in Verfassungspolitik zu wenden. Wie Hayek habe ich keine Geduld mit denen, die die Grundlagen der Freiheit attackieren, aber im Gegensatz zu ihm

finde ich es nicht schwer, diejenigen zu tolerieren, die zum Beispiel dem Staat eine größere Rolle in der Wirtschaftspolitik geben wollen oder einen massiven Transfer von Steuergeldern für soziale Zwecke verlangen, auch wenn ich deren Meinungen nicht teile (Dahrendorf 1992, S. 48).

Dahrendorf stellt sein Demokratieverständnis – wie schon mehrfach angedeutet – in die Tradition Karl Poppers, aber auch Popper schließt „an eine lange Tradition, die zu Kant führt (nicht zu Hegel) und zu Locke (nicht zu Rousseau), vielleicht eher zu Hobbes" (Dahrendorf 1984, S. 117). Um den Kerngedanken dieses Verständnisses noch einmal knapp zusammenzufassen: Da wir in einer Welt der Ungewissheit leben und es viele alternative Entwürfe gibt, sich den Problemen zu stellen (die bis zum Krieg reichen können; Dahrendorf 1979[1971]), kann sich jeder politische (aber auch wirtschaftliche, wissenschaftliche und individuelle) Entwurf als Irrtum herausstellen. Damit ist entschieden, „dass der Irrtum sich nicht festsetzen, dass er nicht zum Dogma werden kann" (Dahrendorf 1984, S. 117). Eine gesellschaftliche Verfassung muss es also nicht nur leisten, Irrtümer zu korrigieren, sondern zu neuen Entwürfen ermutigen. Die von ihm präferierte ‚Verfassung der Freiheit' muss daher „zwischen der Skylla der Totaldemokratisierung und der Charybdis der Autokratie einen Kurs finden, ohne auf Grund zu laufen in den Untiefen der Bürokratie, die die Reiserouten des Fortschritts allerorten behindern" (Dahrendorf 1994b, S. 96; vgl. auch Dahrendorf 1980a). Entsprechend der Ausführungen in diesem Kapitel lässt sich zusammenfassen: „Die Freiheit ruht auf drei Säulen, dem Verfassungsstaat, der Marktwirtschaft und der Bürgergesellschaft" (Dahrendorf 1994b, S. 44). Während in diesem Kapitel (und den vorangegangenen) die Aspekte Freiheit und Marktwirtschaft eingehender behandelt wurden, erfolgt im Weiteren eine Zuwendung zum Thema der Bürgergesellschaft.

Quintessenz zu Kap. 7: Der Kern des Dahrendorfschen Politik- und allgemeiner normativen Gesellschaftsverständnisses ist die Maximierung von individuellen Lebenschancen (mehr hierzu im folgenden Kapitel) für eine möglichst große Zahl von Menschen. Diese Maximierung von Lebenschancen ist nur in einer Gesellschaft möglich – hier folgt er Karl Popper –, in der eine große Zahl von Alternativen zur Auswahl stehen und gegeneinander abgewogen werden können. Eine Gefahr für diese Wahlchancen sieht er im Wesentlichen a) in dem Verzicht auf die individuelle Chancensuche durch ‚Außenleitung', b) in der bürokratischen Einschränkung von individuellen Lebenschancen sowie c) der durch eine gesellschaftlich illegitime Ungleichverteilung von Lebenschancen durch Umwandlung von wirtschaftlicher Macht in politische Macht oder durch systematische Benachteiligung bestimmter Bevölkerungsteile in der Bildung, etwa von Arbeiterkindern (siehe ausführlicher im folgenden Kapitel).

Ligaturen, Anrechte und Lebenschancen: die Entwicklung der Bürgergesellschaft

Insbesondere im vorangegangenen Kapitel wurden die Gefahren für die liberale Gesellschaft thematisiert. Das folgende Kapitel fokussiert die Entstehung und die (mögliche) Ausprägung einer Bürgergesellschaft bei Dahrendorf. In diesem Kontext erhält auch sein Konzept der ‚Ligaturen‘, knapp umrissen als ‚starke Zugehörigkeiten‘, und deren Veränderung eine größere Relevanz. Im Anschluss daran wird in die Überlegungen Dahrendorfs zu sozialen Anrechten, wie auch ihren Verbindungen zu Pflichten, eingeführt. Hieran anschließend erfolgt eine Befassung mit dem bereits angeklungenen Konzept der Lebenschancen, das seit den 1970er Jahren eine prominente Bedeutung für die Überlegungen Dahrendorfs innehat. Sein Lebenschancen-Konzept wiederum erhält seine politisch-philosophische Ausformung in der Bürgergesellschaft. Und diese lässt sich als die Grundlage für seine Forderung eines ‚Bürgerrechtes auf Bildung‘ verstehen.

8.1 Die Errungenschaften der modernen Gesellschaft und der Verlust der Ligaturen

Ein zentraler Ansatz für Dahrendorf ist – wie im vorangegangenen Abschnitt gezeigt – die Verteidigung der liberalen Moderne. Diese Verteidigung speist sich nicht allein aus der Ablehnung des revolutionistischen Marxismus und des Konservatismus des Strukturfunktionalismus, sondern auch aus der Abgrenzung der Errungenschaften der Moderne gegenüber der Vormoderne: So lebte der überwiegende Teil der Menschen vor der Modernisierung „in einem sich ständig wiederholenden Zyklus der Armut in vornehmlich ländlicher Umwelt" (Dahrendorf 1987, S. 192). Der Reichtum der wenigen Privilegierten erwuchs aus der Arbeit

der Vielen. Diesen ließen die Privilegierten ein gewisses Maß an Verantwortung
(z. B. Schutz gegen äußere Feinde) zukommen, doch allgemein gestaltete sich das
vormoderne Leben in einer „endlose[n] Wiederholung von Geburt und Verfall,
Sommer und Winter, harter Arbeit und einfachem Vergnügen" (Dahrendorf 1987,
S. 193). Im Zuge der aufkommenden industriellen Gesellschaft wandelten sich
diese Verhältnisse fundamental:

> (1) in der Transformation relativ geschlossener Standes- oder Kastengesellschaften
> in offene Klassengesellschaften, (2) im Zerbrechen überlieferter Status-Hierarchien
> und der Gleichmachung aller Lohnarbeiter, (3) in der Schaffung einer Situation
> akuter Fehlanpassung und Entfremdung für die der Industrie zunächst fremd gegen-
> überstehenden Arbeiter, (4) in der Hervorbringung wachsender sozialer Notstände
> vor allem bei den Industriearbeitern, (5) in den durch diese Umstände sich ständig
> verschärfenden Klassengegensätzen von Unternehmern und Arbeitern (Dahrendorf
> 1965a: 60).

Doch gelang es – so ein Grundtenor der Dahrendorfschen Soziologie – im Zuge der
gesellschaftlichen Modernisierung, die Missstände der Industrialisierung bis hin zu
deren Verschwinden zu mildern und zugleich ihre Errungenschaften auszubauen.

Die Modernisierung der Gesellschaft brachte auch den – weiter oben angesprochenen – Vielen eine Verminderung von Schmerzen und eine Verlängerung
der Lebenserwartung. Beide Punkte wurden durch moderne Medizin, aber auch
durch eine verbesserte Versorgung mit Lebensmitteln und eine verbesserte Hygi-
ene erreicht. Auch von einem umfangreicheren Zugang zu Kunst „durch moderne
Reproduktionsmethoden" (Dahrendorf 1987, S. 194), aber auch von Privatsphäre
durch persönlich genutzten Wohnraum und einer politischen Demokratie mit
Staatsbürgerrechten profitierten die Vielen. Dabei beschränkte sich die Modernisierung der gesellschaftlichen Teilhabechancen nicht auf Städte, sondern sie
wurde auch ländlichen Räumen zuteil. Die Modernisierung umfasste auch die
Freiheit der Religionsausübung: „Die katholischen Ansprüche der organisierten
Religion mussten weichen. Aus den Trümmern der Welt von absolutem Staat,
alleinseligmachender Kirche und merkantilistischer Starre erhob sich die Gesellschaft, nicht irgendeine Gesellschaft, sondern die bürgerliche Gesellschaft, *civil
society*" (Dahrendorf 1987, S. 230; Hervorh. im Orig.). Allerdings wurde die
Durchsetzung der Errungenschaften der Moderne – insbesondere die der Freiheit – nicht räumlich und sozial gleich verteilt vollzogen: „Im 19. Jahrhundert
entstand Unfreiheit vor allem durch das enorme Ungleichgewicht zwischen den
Arbeitern, die ihre Arbeitskraft anzubieten hatten, und den Fabrik- und Grund-
besitzern, die das Kapital besaßen" (Herzog 2013, S. 72) – der Ansatzpunkt der
Kritik des Marxismus an der beginnenden Industrialisierung.

Den frühen Verwerfungen zum Trotz verbindet Dahrendorf (z. B. 1987) vor allem eines mit dem Prozess der Modernisierung: die Vergrößerung von Lebenschancen. Denn es wurden Optionen geschaffen, und das „häufig genug durch das Aufbrechen von Ligaturen. Mobilität bedeutet, dass die Familie und das Dorf nicht mehr Schicksalsgemeinschaften sind, sondern zunehmend zu Wahlgemeinschaften werden" (Dahrendorf 1979, S. 52). Ligaturen sind für Dahrendorf (2007a, S. 45) Wertvorstellungen, also „tiefe Bindungen, deren Vorhandensein den Wahlchancen Sinn [geben]". Diese starken Zugehörigkeiten lassen sich nicht ohne die Gefahr der Anomie abschütteln (Dahrendorf 1983a; zum Thema Anomie siehe Abschn. 8.4). Ligaturen sind „strukturell vorgezeichnete Felder menschlichen Handelns. Der Einzelne wird kraft seiner sozialen Positionen und Rollen in Bindungen oder Ligaturen hineingestellt" (Dahrendorf 1979, S. 51). Dabei sind Ligaturen von einer starken emotionalen Aufladung geprägt: „die Ahnen, die Heimat, die Gemeinde, die Kirche" (Dahrendorf 1979, S. 51), all dies produziert Verpflichtung, wie aber auch Zugehörigkeit. Ligaturen lassen sich – so Ralf Dahrendorf (1979, S. 107) – in räumlicher wie in zeitlicher Dimension klassifizieren: „Raum allgemein: Natur; Raum in begrenzterem Sinne: Nation; Raum im engeren Sinne: Region, Landschaft, Gemeinde; sozialer Raum: Wohngemeinde, auch Familie. Zeit allgemein: ,Leben'; Zeit im begrenzten Sinne: Geschichte; Zeit im engeren Sinne: Lebensalter, Erfahrungsbereich (,Generation'); soziale Zeit: ,soziale Konstruktion menschlichen Lebens'". Zwischen Ligaturen und Optionen besteht ein fundamentaler Unterschied: „Ligaturen sind gegeben, Optionen sind gewollt" (Dahrendorf 1979, S. 108). Optionen sind dabei an Raum wie an Zeit gebunden: „[Z]eitliche Unabhängigkeit und räumlicher Bewegungsspielraum, also Dispositionschancen und Mobilitätschancen [werden zu] zwei Grundfiguren sozialer Optionen" (Dahrendorf 1979, S. 108).

8.2 Anrechte und Pflichten

Dahrendorf konstatiert eine zunehmende Popularität des Begriffs der Anrechte in den Sozialwissenschaften wie auch der Gesellschaftstheorie. Dabei sei das Wort in sehr unterschiedlicher Weise gefasst worden, von der „eigentümliche[n] Qualität des Privateigentums" bis hin zur Verwendung im Plural als „Anrechte für die Wohltaten des modernen Sozialstaats" (Dahrendorf 1994b, S. 27). Zugleich unterlag er auch der Kritik, den Fokus von den Anrechten hin zu den Pflichten zu verschieben (Mead 1986). Dabei lässt sich der Begriff des Anrechts – im Sinne Amartya Sens (z. B. 2012) – in präskriptivem und normativem oder – im Sinne Meads (1986) – in deskriptivem Sinne verstehen. Dahrendorf (1994b, S. 27–28)

folgt hier Mead, indem er feststellt: „Anrechte an sich sind weder gut noch böse;
sie sind sozial definierte Zugangsmittel. Man kann sie auch Eintrittskarten nen-
nen". Diese Metapher verdeutlicht die soziale Bedeutung von Anrechten: „Eintrittskarten öffnen Türen, aber für diejenigen, die sie nicht haben, bleiben die Türen
verschlossen" (Dahrendorf 1994b, S. 28). Anrechte definieren entsprechend Grenzen und erzeugen soziale Barrieren. Anrechte variieren nach Dahrendorf (1994b)
hinsichtlich ihrer ‚Festigkeit': An dem ‚festen' Ende der Skala der Anrechte sieht
er die Bürgerrechte, die jedem Menschen zu garantieren seien, und an dem anderen Ende der Skala sieht er beispielsweise Reallöhne, die durchaus variabel sein
können. Diesen Unterschied verdeutlicht Dahrendorf (1994b, S. 34) hinsichtlich
eines (insbesondere von marxistischer Seite postulierten) Anrechtes auf Wohlstand:
„Kein Richter kann dieses Recht [garantieren], und Rechte verlangen immer die
Möglichkeit, sie einzuklagen".

Dabei sieht Dahrendorf durchaus Unterschiede zwischen den Gesellschaften hinsichtlich der Ausformulierung der Akzeptanz der Idee der Anrechte: In
den Vereinigten Staaten sei die Idee der sozialen Anrechte – infolge der starken
gesellschaftlichen Fokussierung auf Selbstverantwortung (vgl. Abschn. 5.1) –
weniger populär als in europäischen Gesellschaften. Sie werde dazu verwendet, „um die Abhängigkeit der Zuwendungsempfänger von der Gemeinschaft
zu beschreiben und diskreditieren" (Dahrendorf 1994b, S. 100). Dabei werde
Sozialpolitik entweder als das Verteilen ‚milder Gaben' oder als „Hilfe zur
Selbsthilfe, ja zur völligen Selbstverantwortung" (Dahrendorf 1994b, S. 100)
verstanden. Dies ist für Dahrendorf (1994b, S. 100) in der Annahme begründet, „dass Selbstverantwortung und Selbstständigkeit sich ohne Rekurs auf
soziale Bürgerrechte erreichen lassen". Ein Anrecht auf soziale Leistungen
werde in den Vereinigten Staaten negiert, vielmehr werde angenommen, Menschen befänden sich „in eine[r] Art Vertragsbeziehung, die zudem eher einem
Privatvertrag als einem Gesellschaftsvertrag ähnelt. Sie bekommen Hilfe in der
Annahme, dass sie bereit sind, ihren eigenen Beitrag zu leisten und das heißt im
Kern, für sich selbst zu sorgen" (Dahrendorf 1994b, S. 100).

8.3   Lebenschancen und die Norm ihrer Maximierung

Anrechte bedeuten letztlich die Sicherung von Lebenschancen. Unter Lebenschancen versteht Dahrendorf (2007a, S. 44), wie bereits in Kap. 4 angesprochen,
„Wahlchancen, Optionen", die zweierlei verlangen, „Anrechte auf Teilnahme und
ein Angebot von Tätigkeiten und Gütern zur Auswahl". Den Begriff der Chance
versteht Ralf Dahrendorf (1979, S. 98, 1968, 1994b) in Bezug auf Max Weber

(1972[1922]) einerseits als „strukturell begründete […] Wahrscheinlichkeit des
Verhaltens", und andererseits „als etwas, das der Einzelne haben kann, etwas als
Chance der Befriedigung von Interessen" (Dahrendorf 1979, S. 98) gefasst. Sol-
che ‚Chancen der Befriedigung von Interessen' sind gekoppelt an die „sozialen
Beziehungen […]. Die Chancen selbst sind sozial geprägt. Soziale Strukturen
ordnen Chancen" (Lindner 2009, S. 20). Lebenschancen sind keine Garantien:
„Sie werden erst durch individuelle Anstrengungen zu konkret gelebten Biogra-
phien – oder sie werden verwirkt" (Lindner 2009, S. 20). Dennoch sind Lebenschancen abhängig von gesellschaftlichen Kontexten, wie Ralf Dahrendorf (1979,
S. 50) verdeutlicht: „Lebenschancen sind Möglichkeiten des individuellen Wachs-
tums, der Realisierung von Fähigkeiten, Wünschen und Hoffnungen, und diese
Möglichkeiten werden durch soziale Bedingungen bereitgestellt". Die Lebenschancen von Menschen werden – wie weiter oben behandelt – neben den Ligaturen auch durch Optionen bestimmt (Dahrendorf 1979, S. 50): „Optionen sind
in sozialen Strukturen gegebene Wahlmöglichkeiten, Alternativen des Handelns".
Während Ligaturen Bezüge stiften und damit als „Fundamente des Handelns"
(Dahrendorf 1979, S. 51) fungieren, verlangen Optionen „Wahlentscheidungen
und sind damit offen […] [für] die Zukunft" (Dahrendorf 1979, S. 51). Ligaturen
und Optionen unterliegen dabei einer nachdrücklichen gegenseitigen Beeinflus-
sung: „Lebenschancen sind Gelegenheiten für individuelles Handeln, die sich aus
der Wechselbeziehung von Optionen und Ligaturen ergeben" (Dahrendorf 1979,
S. 55). Die Wechselbeziehung zwischen beiden ist dabei durchaus konstitutiv, gilt
es Lebenschancen zu maximieren: „Ligaturen ohne Optionen bedeuten Unterdrückung, während Optionen ohne Bindungen sinnlos sind" (Dahrendorf 1979,
S. 51–52; im Kontext der Verringerung der Arbeitszeit auch Dahrendorf 1980b).
Ligaturen machen also aus bloßen Chancen, „Chancen mit Sinn und Bedeutung,
also Lebenschancen" (Dahrendorf 2004, S. 51). Alsdann befasst er sich mit der
Doppeldeutigkeit der Welt der Ligaturen. Diese seien für Liberale ein „vermin-
tes Gelände. Die meisten Tiefenstrukturen haben eine absolute Qualität: sie lassen
Schattierungen von grau nur widerwillig zu. Menschen gehören entweder dazu
oder sie tun es nicht, und wenn sie es nicht tun, haben sie keinen Anspruch auf
Rechte".

Zwischen Lebenschancen und Freiheit besteht zwar eine Verbindung, sie sind
jedoch nicht identisch (Dahrendorf 1979, S. 61), denn Lebenschancen allein
sind noch nicht Freiheit: „Freiheit ist eine moralische und politische Forderung;
Lebenschancen sind ein sozialer Begriff". Doch ist der Kampf um Lebenschancen ein Kampf der Liberalen (Dahrendorf 1983a, S. 123–124): „Sie [die Liberalen; Anm. O. K.] wollten, dass Menschen zu Bürgern werden, zu Individuen,
die als solche ihre Wahl treffen zwischen Konsumgütern, zwischen politischen

Gruppierungen, zwischen Lebensstilen und Lebenszielen. Liberale waren daher Gegner nicht nur aller überkommenen Bindungen, sondern auch aller Versuche, neue Bindungen [nicht im Sinne von freiwillig eingegangenen Ligaturen, sondern allgemein verpflichtender; Anm. O. K.] zu stiften. Liberale waren Gegner der Vermischung von Kirche und Staat. Liberale waren Gegner rechtlich fixierter Privilegien. Liberale waren Gegner eines starren Begriffs von Familie; sie waren Befürworter eines erleichterten Scheidungsrechtes und Gegner der Abtreibungsparagrafen. Liberale waren Gegner einer Sozialpolitik, die den Einzelnen an seinen Geburtsort oder Wohnort festband; sie wollten Mobilität. Liberale waren Gegner feudaler und quasi-feudaler Bande zwischen Herr und Knecht. Liberalismus war fast zwei Jahrhunderte [mittlerweile fast zweieinhalb Jahrhunderte; Anm. O. K.] lang Optionspolitik, also Kampf um die Erweiterung menschlicher Lebenschancen durch die Vermehrung von Optionen", und damit auch die zentrale Aufgabe gesellschaftlicher Entwicklung: „Die Entwicklung von Lebenschancen als Aufgabe der Freiheit ist gleichsam die volle Ausschöpfung des Potenzials einer Gesellschaft" (Dahrendorf 1979, S. 131). Aus seiner Position (in der er abermals Karl Popper folgt), Geschichte habe „weder a priori noch auch nur a posteriori einen Sinn" (Dahrendorf 1979, S. 24), zieht Ralf Dahrendorf (1979, S. 24) die Konsequenz: „[W]ir müssen ihr einen Sinn geben, wenn wir dies wollen (und wir müssen es wollen, denn die Frage stellt sich uns unausweichlich)" und dieser Sinn liegt für Dahrendorf (1979, S. 26) darin, „mehr Lebenschancen für mehr Menschen zu schaffen". Gratzel (1990, S. 12) subsumiert die Bedeutung der Maximierung von Freiheit in der Gesellschaft bei Dahrendorf folgendermaßen: „Die freiheitliche Gesellschaft ist […] die entscheidende moralische Maxime des politischen Handelns, auch weil die gerechte Gesellschaft für niemanden erkennbar ist". Hier zeigt sich im Denken Dahrendorfs die Verbindung von wissenschaftstheoretischer Grundhaltung mit politischem Konzept in deutlicher Weise (Gratzel 1990).

Entsprechend seines Verständnisses von Lebenschancen und Liberalismus erhalten erstere eine indikatorische Bedeutung für zweiteren, denn „[j]e mehr Menschen mehr Lebenschancen haben, desto liberaler ist eine Gesellschaft" (Dahrendorf 1983a, S. 37). Damit ist auch „[e]in Stück Widerspruchsgeist gegen alle verfestigte Ordnung" (Dahrendorf 1983a, S. 136) verbunden, die „den Liberalen vom Konservativen ebenso unterscheidet wie vom Sozialisten" (Dahrendorf 1983a, S. 136). Neben dieser normativen Aufladung ist das Dahrendorfsche Lebenschancenkonzept durch eine Ausdifferenzierung in Optionen und Ligaturen gekennzeichnet, wodurch Dahrendorf „es in inhaltlicher Perspektive [konkretisiert] und […] ihm eine Sinndimension hinzu[fügt]; ferner wird in theoretischer

Perspektive deutlich, dass […] Dahrendorf von einem sozial strukturierten Wahlhandeln sozialer Akteure ausgeht" (Mackert 2010, S. 413).

Vor dem Hintergrund des Ziels der Maximierung von Lebenschancen beurteilt er das Medium ‚Geld' (im Gegensatz zu sozialistischen wie auch konservativen Denkern) hinsichtlich seiner gesellschaftlichen Wirkungen sehr affirmativ: „Geld bietet Lebenschancen. Wir können etwas damit anfangen. Es hat Bedeutung, ob wir es ausgeben oder nicht. Es bietet Möglichkeiten, Gelegenheiten" (Dahrendorf 1979, S. 49). Die prinzipiell affirmative Haltung zu ‚Geld' und ‚Marktwirtschaft' zieht sich durch das Lebenswerk von Ralf Dahrendorf, auch wenn seine Haltung zu den Entwicklungen des ‚Kapitalismus' seit den 1980er Jahren und insbesondere den Ursachen der Wirtschaftskrise Ende der 00er Jahre kritischer wurde (insbesondere in Dahrendorf 2009a, b und c). Beim Übergang vom ‚Sparkapitalismus' zum ‚Pumpkapitalismus' (den er bereits 1984 kritisiert hatte; siehe auch Abschn. 5.1) seien „[v]iele Sitten des ehrbaren Kaufmanns und des guten Haushaltens […] über Bord" (Dahrendorf 2009c, S. 23) gegangen. Kennzeichnend hierfür sei insbesondere der Verlust der Übernahme von Verantwortung für das eigene Handeln, die Fokussierung des unternehmerischen Handelns auf *shareholder* (also Eigentümer) und nicht *stakeholder* (also Personen, die ebenfalls mit dem Unternehmen verbunden sind, wie Zulieferer, Nachbarn, Beschäftigte u. a.). Einen weiteren Grund für die Krise sieht er in der Entstehung einer globalen Elite, in Wirtschaft, Politik, Sport, aber auch Wissenschaft, „deren Mitglieder vornehmlich aufeinander blicken und nicht auf diejenigen, für die sie Verantwortung tragen" (Dahrendorf 2009c, S. 25). Eine solche Verantwortung sei aber nur dort zu finden, „wo Menschen in längeren Fristen denken als sie sich in diesen letzten Jahren zu denken angewöhnt haben" (Dahrendorf 2009b, S. 184). Auf der anderen Seite entstünden ‚gewaltbereite Massen', die sich von den Eliten nicht mehr repräsentiert fühlten – ein Verlust des sozialen Zusammenhalts (Dahrendorf 2009a, b und c) – und damit an Lebenschancen vieler. Hier erkennt Dahrendorf auch eine wesentliche Aufgabe der Sozialwissenschaft, die nicht darin bestehe, die Institutionen der Gesellschaft fundamental zu kritisieren, also zu „einem Instrument der Sozialkritik" (Dahrendorf 1980c, S. 60) zu werden: Sie muss „stets die Institutionen darauf abklopfen, inwieweit sie zur Erhaltung der Integrität und Freiheit des Einzelnen in der Gesellschaft und zur Erweiterung der Lebenschancen beitragen" (Dahrendorf 1980c, S. 60). Dementsprechend kritisiert er den „Rousseausche[n] Gehalt der modernen Sozialwissenschaft" als „einzige[n] und zugleich größte[n] Schwachpunkt" (Dahrendorf 1994a, S. 71).

8.4   Bürgergesellschaft und autoritäre Gesellschaft

Als Konsequenz des im vorangegangenen Abschnitts Behandelten lässt sich formulieren: Aufgabe einer Gesellschaft – oder konkreter: eines Staates – ist für
Dahrendorf die Erweiterung individueller Lebenschancen und „Lebenschancen
sind auch immer Teilnahmechancen am Prozess des Entwerfens neuer Möglichkeiten. Diese Teilnahmechancen sind nicht selbstverständlich" (Dahrendorf
1983b, S. 73), denn Rechtsstaat und Demokratie sind in ihrer Existenz nahezu
konstitutiv an das Vorhandensein einer Bürgergesellschaft gekoppelt. Sie sind
Voraussetzung für moderne Lebenschancen, denn ohne „die Strukturen der Bürgergesellschaft bleibt die Freiheit ein schwankendes Rohr" (Dahrendorf 1994b,
S. 45), wenn sie hingegen bestehen, verkörpern sie „den Gestalt gewordenen
Widerstand gegenüber autoritäre und totalitäre Anfechtungen" (Dahrendorf
1994b, S. 45). Dahrendorf (1961, S. 238) nennt ein Gemeinwesen dann autoritär,
wenn „regelmäßig eine relativ schmale und exklusive Schicht alle Zügel in ihren
Händen hält". In diesem autokratischen Staat fokussieren sich alle Entscheidungs-
positionen (ob in Wirtschaft oder Politik, Militär oder Kirche, Erziehungswesen
oder Justiz) auf die Mitglieder einer Schicht, häufig der Aristokratie, während die
Mehrzahl der Bewohnerschaft des autoritären Staates nicht aus Bürgern gebildet
wird, sondern aus Untertanen. Anstatt bürgerliche Beteiligungsrechte innezuha-
ben, wird den Untertanen lediglich paternalistische Fürsorge der Herrschenden
zuteil (Dahrendorf 1961, 2004). Dementsprechend ist autoritäre Herrschaft „nicht
eigentlich diktatorisch, doch bedeutet sie stets möglichst straffe Organisation zum
Zweck der Größe des Ganzen und der wohlwollenden Gängelung der ‚Landes-
kinder'" (Dahrendorf 1961, S. 239). Den totalitären und den repräsentativen Staat
dagegen verbinden die notwendigen politischen Teilnahmen von Bürgern, denn
beide bauen darauf, den Bürger an den Staat zu binden, wodurch in beiden Staats-
formen das Erziehungswesen eine zentrale Stellung einnimmt (Dahrendorf 1961).
Beiden genügt nicht die Berufung auf Tradition oder Gottesgnadentum zur Rechtfertigung von Herrschaft, auch wird in beiden ökonomische Ungleichheit zumindest begründungsbedürftig (Dahrendorf 1961), womit sich die Gemeinsamkeiten
von repräsentativen und totalitären Staaten aber auch schon erschöpfen. Ein zentrales Merkmal totalitärer Staaten liegt in der Ausrichtung von Institutionen und
Menschen auf einen Zweck, „der in einer umfassenden Ideologie seinen Ausdruck findet" (Dahrendorf 1961, S. 240). Entsprechend dieser Ausrichtung ist die
innere Struktur eines totalitären Staates „straff und monolithisch; in der mit dem
Staat verschmelzenden Partei liegt ein eindeutiges Machtzentrum, dem alle Institutionen untergeordnet sind" (Dahrendorf 1961, S. 240–241). Die herrschende

Gruppe erhält sich durch Kooptation und wähnt sich im Besitz der obersten Wahrheit, infolge derer sie sich legitimiert sieht, jeden einzelnen Menschen „in jeder Lebensregung durch die staatlichen Instanzen" (Dahrendorf 1961, S. 241) zu lenken und Macht auszuüben. Die paternalistische Fürsorge des autoritären Staates ist hier durch „äußerste Disziplinierung und totale Kontrolle aller Menschen durch Gewalt zum Selbstzweck" (Dahrendorf 1961, S. 241) ersetzt. Im Gegensatz zum Totalitarismus, so führt Dahrendorf knapp 30 Jahre später mit Blick auf die gesellschaftlichen Umbrüche in Ostmittel- und Osteuropa nach 1989 aus, „verlangt autoritäre Herrschaft weder ein Terrorregime noch eine ständige Mobilisierung aller. So lange Menschen den Mund halten und sich in Nischen der Privatheit zurückziehen, aber öffentlich alles tun, was von ihnen verlangt wird, werden sie zwar herumgeschubst und manchmal belästigt, aber nicht mit der systematischen Willkür totaler Herrschaft verfolgt" (Dahrendorf 1992, S. 31).

Das Gleichheitsverständnis des repräsentativen Staates weicht von dem des totalitären fundamental ab, denn hier werden Menschen „nicht auf einen Zweck hin organisiert und koordiniert, vielmehr ist Vielfalt das Grundprinzip des repräsentativen Staates" (Dahrendorf 1961, S. 241). Gleichheit besteht hier in gleichen staatsbürgerlichen Rechten, auf Grundlage derer sich eine Vielfalt individueller Lebensweisen entwickeln kann. Auch die repräsentative Herrschaftsstruktur folgt dem Prinzip der Vielfalt, denn „Wandel ist in die repräsentative Herrschaftsstruktur gewissermaßen eingebaut: die regelmäßige Konkurrenz politischer Teams um die Gunst der Wähler ermöglicht den Austausch der Führungskräfte" (Dahrendorf 1961, S. 241). Diese Konkurrenz um Macht auf der Grundlage von Wahlen bedeutet eine stetige Veränderbarkeit der Gesellschaft, was impliziert, dass nicht unterstellt wird, es gäbe eine einzelne Person, Gruppe oder Ideologie, die im Besitz der ‚obersten Wahrheit' sei. Vielmehr vollzieht sich Veränderung in einem Wettbewerb der Ideen, die immer wieder verworfen werden können und durch andere ersetzt werden können – sofern sie den Grundkonsens der demokratischen Gesellschaftsordnung nicht abschaffen wollen. Insofern gesteht die dem repräsentativen Staat zugrunde liegende Gesellschaft „ihren Institutionen – der Wirtschaft, den Kirchen, dem Erziehungswesen usw. – ein Eigenleben zu" (Dahrendorf 1961, S. 242). Geschlossene (also autoritäre und totalitäre) Gesellschaften und offene (also hier repräsentativ-staatliche) unterscheiden sich in zwei weiteren Punkten wesentlich. Einerseits in Bezug auf Mobilität, und andererseits auf das Verhältnis zu Ligaturen: „Offene Gesellschaften verlangen, geschlossene Gesellschaften verbieten Mobilität" (Dahrendorf 2004, S. 33). Dabei ist die Verwendung des Begriffs der Mobilität bei Dahrendorf (2004, S. 33) sehr weit gefasst: er dient als Bezeichnung „für geographische Wanderungen und für sozialen Auf- und Abstieg, aber auch für das Verhalten von Wechselwählern und für die Mobilität der Produktionsfaktoren".

Damit verbindet sich auch das Thema der Bedeutung der Ligaturen, da „offene Gesellschaften mit ihrer Mobilität dazu neigen, Ligaturen aufzulösen, während geschlossene Gesellschaften diese zum Dogma, damit zum Herrschaftsinstrument erheben" (Dahrendorf 2004, S. 39). Doch produziert eine Gesellschaft ohne Ligaturen Anomie, hat Dahrendorf – wie Gratzel (1990, S. 22) feststellt – auf die Frage, „wie ein (neues) Netz sozialer Solidarität, wie neue Ligaturen und damit Legitimität entstehen sollen, [...] jenseits des Tagtraums eines Sozialingenieurs auch nur eine unbefriedigende Antwort: Ligaturen müssen wachsen, sie können nicht konstruiert werden".

Insgesamt lässt sich der repräsentative Staat als „ein Staat ohne Ideologie, ohne Geschlossenheit, ohne jeden totalen Machtanspruch [verstehen]; er ist daher der Staat, der dem Einzelnen den größten Bereich der freien Entfaltung gibt" (Dahrendorf 1961, S. 242). In einem knappen Vergleich subsumiert Dahrendorf (1961, S. 242): „Der autoritäre Staat ist der Staat als gestrenger und gütiger Familienvater. Der totalitäre Staat ist der Staat als brutaler Gefängnisaufseher. Der repräsentative Staat ist der Staat als Nachtwächter, der stets bemüht ist, seine Befugnisse auf den Schutz der Freiheit der ihm anvertrauten Menschen zu beschränken".

Neben der Rechtsstaatlichkeit definiert Dahrendorf (1994b, S. 69) „die Autonomie der vielen Organisationen und Institutionen" als zweites zentrales Merkmal der Bürgergesellschaft. Wobei er unter Autonomie insbesondere die Unabhängigkeit „von einem Machtzentrum" (Dahrendorf 1994b, S. 69) versteht. Als Beispiele nennt er die kommunale Selbstverwaltung, aber auch die Hochschulautonomie. Auf der Ebene der einzelnen Bürger selbst definiert er ein drittes Merkmal von Bürgergesellschaften: Einen Umgang miteinander, der von Höflichkeit, Toleranz und Gewaltlosigkeit geprägt ist, aber auch von Bürgerstolz und Zivilcourage, weswegen totalitäre Herrscher nichts so sehr hassten „wie die Bürgergesellschaft, die sich ihren Anmaßungen widersetzte" (Dahrendorf 1994b, S. 70). Doch Gefahr droht der Bürgergesellschaft nicht allein durch autoritäre oder totalitäre Herrscher, sondern auch durch Anomie (Dahrendorf 1994b, S. 76): „Menschen verlieren den Halt, den ihnen nur tiefe kulturelle Bindungen vermitteln können; am Ende geht nichts mehr, und alles wird hier gleich gültig, damit gleichgültig". Anomie, im Gefolge Durkheims verstanden als die „Aufhebung sozialer Normen durch wirtschaftliche und politische Krisen" (Dahrendorf 1994b, S. 240; ähnl. Dahrendorf 1985), hat entsprechend besonders destruktive Folgen für das genannte dritte Merkmal der Bürgergesellschaft, denn je selbstbewusster Menschen in ihrer sozialen und kulturellen Zugehörigkeit sind, „desto weniger defensiv verhalten sie sich, desto offener können sie daher bleiben für die Interessen und Impulse sozialer Kräfte" (Dahrendorf 1994b, S. 87).

Gerade totalitäre Systeme basieren, und hier folgt Dahrendorf Hannah Arendt, auf der Anomisierung, Atomisierung und Isolierung des Menschen. Dabei sind sie nicht das Resultat einer atomisierten Gesellschaft, denn „er [der Mensch; Anm. O. K.] schafft diese erst" (Dahrendorf 1994b, S. 130). Damit produziert der Totalitarismus die fatale Situation, dass er „alle verbleibenden traditionalen oder autoritären Strukturen brutal zerstört" (Dahrendorf 1994b, S. 131), aber auch an deren Stelle „nichts Dauerhaftes" (Dahrendorf 1994b, S. 131) setzt. Damit vollendet er „den negativen Teil der Modernisierung, ohne dessen positives Gegenstück" (Dahrendorf 1994b, S. 131), nämlich die Entwicklung der Bürgergesellschaft. Dass diese Bürgergesellschaft in Gefahr geraten kann, lässt sich auf zwei Entwicklungen zurückführen (Dahrendorf 1989c, S. 247): „Die eine besteht im Abbau sozialer Organisationen und Institutionen, die andere in der Aufhebung der Rechte des Volkes". Hier zeigt sich die große Bedeutung, die Dahrendorf (verstärkt in den letzten Jahrzehnten seiner Arbeit) der Schaffung und Aufrechterhaltung von Institutionen zuweist.

In seinen späteren Schriften, dies beginnt schon mit dem Buch ‚Reisen nach innen und außen' aus dem Jahre 1984 und setzt sich bis zu seinen späten Schriften (z. B. 2003) fort, befasst er sich mit den Krisen der Demokratie und wie diese Demokratie neu belebt werden kann. So stellt er fest: „Wenn ich die ‚Chancen der Krise' noch einmal schreiben könnte, würde ich die Analyse düsterer anlegen" (Dahrendorf 1984, S. 64). Die Analyse von 1984 kreist dabei um vier Aussagen:

1. Modernen Volkswirtschaften gelingt es nicht mehr, „das erreichte Niveau der Wohlfahrt zu garantieren" (Dahrendorf 1984, S. 64), so kommt es immer wieder zu Rückgängen der Realeinkommen, zu Kürzungen öffentlicher Haushalte, insbesondere der Sozialhaushalte.
2. Modernen Gesellschaften gelingt es nicht, „Recht und Ordnung zu garantieren" (Dahrendorf 1984, S. 64).
3. Modernen Gemeinwesen gelingt es nicht mehr, „offene (‚demokratische') Verfassungsformen zu garantieren" (Dahrendorf 1984, S. 64).
4. Modernen Staaten oder Staatenbündnissen gelingt es nicht mehr, „‚äußere' Sicherheit zu garantieren" (Dahrendorf 1984, S. 64).

Ähnlich der Diagnose Colin Crouchs (2004) geht Dahrendorf davon aus, es gäbe in westlichen Gesellschaften einen Legitimitätsverlust politischer Akteure und Institutionen, infolge eines zunehmenden Einflusses privater und partikularer Interessen, mit dem eine zunehmende ‚Politikverdrossenheit' seitens der Bevölkerung einhergeht. Für Dahrendorf (2003) vermag die Demokratie auf drei Kernfragen der Organisation von Gesellschaft schlüssige Antworten zu liefern: Sie ist erstens in der Lage, Veränderungen ohne Gewalt herbeizuführen; zweitens erlaubt sie „mit Hilfe eines Systems von ‚checks and balances' die Machtausübenden zu kontrollieren" (Dahrendorf 2003, S. 9); drittens beinhaltet sie Institutionen, die die Bürger in die Lage versetzen, sich an der Ausübung der Macht zu beteiligen. Der Kern der Krise der Demokratie liegt für Dahrendorf darin, dass diese drei Antworten „nur in einem ganz bestimmten Kontext gelten, nämlich in den traditionellen Nationalstaaten" (Dahrendorf 2003, S. 11). In einer globalisierten Welt werden jedoch zahlreiche wichtige Entscheidungen getroffen, die über den Einflussbereich des Nationalstaats hinausgehen, ob durch die Europäische Kommission, die NATO, den Internationalen Währungsfonds, etc. Trotz dieser Entwicklung plädiert Dahrendorf dafür, zu bedenken „dass es eine Vielzahl von Entscheidungen gibt, die für den Einzelnen von großer Bedeutung sind und nach wie vor in den Nationalstaaten getroffen werden" (Dahrendorf 2003, S. 19), wie etwa in den Politikbereichen Bildung, Sozialhilfe und Rente.

Im Kontext eines zunehmenden Bedeutungsgewinns des Globalen habe sich auch eine ‚globale Klasse' (Dahrendorf 2000) von Entscheidungsträgern in Wirtschaft, Politik, Wissenschaft, etc. etabliert (von der er annimmt, sie umfasse etwa ein Prozent der Bevölkerung). Ihr Bezugs- und Entscheidungshorizont sei explizit global, das Nationale ablehnend, und beeinflusse wiederum eine große Anzahl an Personen, die deren Präferenzen, Wertvorstellungen und Verhaltensweisen folgten (Dahrendorf 2003). Dabei sieht Dahrendorf (2003, S. 23, 2009b) eine weitere Gefahr durch das Auftreten dieser ‚globalen Klasse' für die Demokratie, nämlich „die zwangsläufige Zerstörung der traditionellen sozialen Solidarität", insbesondere durch die in der Bezugsgruppe geteilte Auffassung, persönliche Bereicherung sei erwünscht.

Doch nicht allein die neue ‚globale Klasse', sondern auch viele Gegner der Globalisierung stellten eine Gefahr für die Demokratie dar, da sie einen Anspruch erhöben, der nicht einlösbar sei. Dies veranschaulicht er in der Beschreibung einer Begebenheit (die er an unterschiedlicher Stelle wiederholt): „Als der seinerzeitige italienische Ministerpräsident Giuliano Amato eine solche Demonstration [jener von Globalisierungsgegnern; Anm. O. K.] in Washington erlebte und die Wortführer des Protestes ihm sagten, dass sie das Volk vertreten, hielt er ihnen entgegen: ‚Nein, ich vertrete das Volk, weil das Volk meine Regierung gewählt hat, um es zu vertreten, nicht euch" (Dahrendorf 2003, S. 25). Zwar forderten – so stellt Dahrendorf (2003, S. 25) daran anschließend fest – „die Demonstranten die Vertretung der Völker der Welt", während jedoch nur die gewählten Parlamente der Nationalstaaten (und deren Untergliederungen) über ein Vertretungsmandat dieser Völker verfügten. Obwohl private und öffentliche Organisationen dank des Internets in der Lage seien, „eine starke und aggressive Mobilisierung von Menschen" (Dahrendorf 2003, S. 25) nachzuverfolgen, blieb jedoch die Frage unbeantwortet, wie eine effiziente Lösung der Vertretung des Willens der Menschheit gefunden werden könnte. Die daraus erwachsende Gefahr ist die eines Einflussgewinns des Populismus, denn „Populisten trieben diesen Prozess [den der Entmachtung der Parlamente, in denen geordnete Debatten stattfinden können; Anm. O. K.] bewusst voran mit dem Ziel, die Debatte zu überspringen und einen Konsens auf Grund von vermeintlichen oder tatsächlichen, mehr oder weniger tief empfundenen Gefühlen der Bevölkerung zu schaffen" (Dahrendorf 2003, S. 90). Dabei sind sie „offenbar zum Regieren unfähig" (Dahrendorf 2004, S. 317), denn schließlich ist das Metier der Regierung der Protest, nicht der eruptive, nicht der diffuse, sondern der geregelte Konflikt der Parlamente (Dahrendorf 2004). Entsprechend kritisiert er die zunehmende Neigung zu Volksbefragungen, die letztlich ein Ausdruck der Ratlosigkeit der Politik seien und das Prinzip der parlamentarischen Demokratie unterlaufen, in der sich in Parteien „Interessen und Meinungen um bestimmte Grundsätze sammelten" (Dahrendorf 2010[2002], S. 196) und, nach der Wahl, „Entscheidungen in der offenen Debatte im Parlament" (Dahrendorf 2010[2002], S. 196) träfen. So bleiben Parlamente für Dahrendorf bis zur Errichtung von Kants ‚Weltbürgergesellschaft', als die „am Ende […] einzige überzeugende praktische Antwort auf die grundsätzliche Gleichheit des Ranges und der Rechte aller Menschen" (Dahrendorf 2004, S. 48), nur „Ersatzlösungen, Bürgergesellschaften innerhalb von Grenzen, daher unvollkommene Bürgergesellschaften mit allerlei Abgrenzungen, Ausschlüssen, Privilegien und Benachteiligungen". Entsprechend seien Nationalstaaten, „in denen die Bürgerrechte aller Mitglieder wirksam garantiert werden, […] immerhin das Beste, was wir zustande gebracht haben" (Dahrendorf 2004, S. 48).

Entsprechend beschreibt er 10 Jahre (Dahrendorf 1994c, S. 751) zuvor den „heterogene[n] Nationalstaat" als „eine der großen Errungenschaften der Zivilisation". Eine weitere Begründung für seine intensive Affirmation des Nationalstaates liegt in dem Vorhandensein des nationalstaatlichen Gewaltmonopols als „Voraussetzung der Geltung, also der Einklagbarkeit und Erzwingbarkeit von Bürgerrechten" (Dahrendorf 1994c, S. 751).[1] Somit stelle der ‚heterogene Nationalstaat' „ein Gut [dar], das Liberale verteidigen müssen" (Dahrendorf 1994c, S. 751). Diesem könne – auch als Liberaler – eine bestimmte Form des Patriotismus' entgegengebracht werden: der Verfassungspatriotismus (denn ein auf

---

[1]Hier zeigt sich ein gewisser Widerspruch zu seiner Affirmation der Gesellschaft der Vereinigten Staaten mit ihren umfangreichen Freiheitsrechten (siehe Abschn. 5.1), in der ein staatliches Gewaltmonopol nicht besteht.

Gleichheit begründeter und damit exkludierender Patriotismus schließt sich für Dahrendorf aus). Dieser Verfassungspatriotismus – in seiner klassischen Bedeutung – hat „mit dem Stolz auf den Geist der Gesetze und […] [den] in seinem Namen geschaffenen Institutionen" (Dahrendorf 2004, S. 54) zu tun. Es sei zwar nicht möglich, „Regierungen […] zu lieben, aber vielleicht ist es möglich, eine besondere Zuneigung zu empfinden für eine bestimmte Art der Gewaltenteilung bei gleichzeitiger Begründung und Kontrolle von Herrschaft" (Dahrendorf 2004, S. 54). Dieser Verfassungspatriotismus wiederum ist „eine Sache des Geistes nicht des Herzens. Er befriedigt das Bedürfnis vieler nicht, im Einklang mit den Tiefenstrukturen der Gesellschaft zu leben und diese an künftige Generationen weiterzugeben" (Dahrendorf 2004, S. 54). Dies bedeutet auch, Normen und Strukturen der Gesellschaft zu verteidigen, wodurch „[d]er Liberalismus der Zukunft […] ein betont institutioneller Liberalismus sein [muss]" (Gratzel 1990, S. 23).

Doch mit der Zunahme globaler Bezüge habe sich – so Dahrendorf (und mit ihm andere wie Anthony Giddens) – eine Sehnsucht nach den „Gewissheiten der unmittelbaren Nachbarschaft" (Dahrendorf 2003, S. 27) entwickelt. In dieser Sehnsucht erkennt er große Potenziale zur Gestaltung des unmittelbaren Wohnumfeldes. Dagegen sieht er den Bedeutungsgewinn des Regionalen durchaus kritisch: „Eines der großen Themen unserer Epoche ist die Suche nach Homogenität, der Wunsch vieler, unter ihresgleichen zu bleiben, unter jenen, die ihnen in jeder Hinsicht ähnlich sind" (Dahrendorf 2003, S. 27–28), ein Wunsch, der sich insbesondere im Regionalismus äußere und dem Prinzip der Demokratie, aus Verschiedenheit Fortschritt zu generieren, widerstrebe.

Sein häufig aktualisiertes Thema der Verteidigung der Demokratie bedeutet für – den grundsätzlich sehr europafreundlich eingestellten (z. B. Dahrendorf 1973, 1989a) – Dahrendorf auch eine kritische Auseinandersetzung mit der Europäischen Gemeinschaft bzw. später mit der Europäischen Union. Den verhaltenen Beginn des europäischen Einigungsprozesses charakterisiert er 1973 als Kompromiss und in gewisser Weise auch als Auftrag: „Die Europäische Gemeinschaft, so wie wir sie heute [also 1973; Anm. O. K.] kennen, ist in gewisser Weise geboren aus der Enttäuschung über die Unmöglichkeit, den direkten Weg zur politischen Union zu gehen" (Dahrendorf 1973, S. 76). Den Unterschied zwischen der Europäischen Gemeinschaft und der – damals noch in der Zukunft liegenden – Europäischen Union fasst er prägnant: „Europäische Gemeinsamkeit [sic!] bedeutet die gemeinschaftliche Ausübung von Souveränität durch die beteiligten Staaten. Die europäische Union wird institutionelle Regeln haben müssen, die den Namen Verfassung verdienen" (Dahrendorf 1973, S. 83). Der Europäischen Union (wie anderen auch) wird ein erhebliches Demokratiedefizit zur Last legt: So besitze das Europäische Parlament deutlich weniger Macht „als ein echtes Parlament" (Dahrendorf 2005, S. 35). Ferner pointiert er: „Ein politisches Gebilde, das im Geheimen Gesetze beschließt, in Ministerratssitzungen hinter verschlossenen Türen, ist eine Beleidigung für die Demokratie. Dies ist ein Gebilde, das Entscheidungen außerhalb aller traditionellen demokratischen Institutionen trifft" (Dahrendorf 2003, S. 35). Eine Kritik, die er schon 22 Jahre zuvor an die Europäische Gemeinschaft adressierte, der er „ein unerträgliches Defizit an Demokratie" (Dahrendorf 1973, S. 221) attestierte. Eine Kritik, die er in Reflexion seiner Funktion als Kommissar Anfang der 1970er Jahre am Beispiel der Frage konkretisiert, an welche Legitimationsbasis seine Kommissionskollegen dächten, wenn sie redeten: „Einer dachte eindeutig an die Union europäischer Föderalisten, ein anderer an seine eigene Staatsregierung, und ein dritter hatte sich mit Leib und Seele bestimmten streng rationalen Normen verschrieben, also im besten Sinne der Technokratie. Dann war da noch ein vierter, der an seine spezielle politische Fraktion dachte und daran, was sie für Ziele haben könnte" (Dahrendorf 1993, S. 79). Somit beschreibt sich Dahrendorf (2004, S. 145) später selbst als „Euromelancholiker, also traurig darüber, dass dieses organisierte Europa sich in kostspielige Irrelevanzen verliert, statt brennende Fragen anzupacken", wie beispielsweise der Frage nach dem Umgang mit der Globalisierung jenseits der Irrwege des „Protektionismus und Provinzialismus" (Dahrendorf 2004, S. 160). Europa – so stellt Dahrendorf (1993, S. 31) fest – sei für ihn der Versuch, „auf der Basis der europäischen Nationalstaaten gemeinsame Interessen zu definieren" (Dahrendorf 1993, S. 31), wobei die Zahl dieser Interessen begrenzt sei. Demnach gehöre „eine gemeinsame Agrarpolitik nicht zu den europäischen Interessen, die Menschenrechtskonvention aber durchaus" (Dahrendorf 1993, S. 31).

Trotz aller Kritik von Art und Umfang der staatlichen Organisation, ist für Dahrendorf, wie Gratzel (1990, S. 26) feststellt, „[e]in minimaler Staat […] unumgänglich". Schließlich gilt es, die Konflikthaftigkeit der menschlichen Gesellschaft institutionell zu regeln (siehe Kap. 4), die Einhaltung der Regeln des Marktgeschehens zu überwachen und die Chancengerechtigkeit herzustellen, weswegen er „planend in das sich ansonsten selbst regulierende Marktgeschehen eingreifen [muss]. Eine Symbiose von Markt- und Planrationalität – zugunsten freilich eines Übergewichtes des Marktes – ist das Ergebnis" (Gratzel 1990, S. 26). Von allen politischen Systemen favorisiert Dahrendorf – ihrer gegenwärtigen Krise zum Trotz – die repräsentative Demokratie, um diese Aufgaben zu erfüllen, „[v]or allem deshalb, weil wir dringend Foren brauchen, in denen eine Debatte auf geordnete, wohlbedachte Weise stattfinden kann" (Dahrendorf 2003, S. 79).

8.5   Das Bürgerrecht auf Bildung

Die Bürgergesellschaft ist eine moderne Gesellschaft, die auf den bürgerlichen Grundrechten fußt. Niemand steht hier „über dem Gesetz, alle sind ihm unterworfen. Das Recht begrenzt die Macht und ihre Träger, während es zugleich allen, die sich vorübergehend oder ständig in der Minderheit befinden, Schutz gewährt" (Dahrendorf 1994b, S. 63). Dieses Prinzip der Rechtsstaatlichkeit nennt Dahrendorf (1994b, S. 63) „die erste Definition der Bürgerschaft" und zugleich „eine notwendige Bedingung aller westlichen Versionen des Kapitalismus" (Dahrendorf 1994b, S. 63; ähnl. Dahrendorf 1985). Zugleich ist allerdings festzustellen, dass politische Rechte wenig bedeuten, „wenn [es] Menschen an der Bildung fehlt, sie wirksam zu nutzen" (Dahrendorf 1994b, S. 65). Entsprechend lässt sich für ihn ein Anrecht auf Bildung ableiten (Dahrendorf 1965b). Dieses lässt sich nicht etwa durch den „angeblichen Zusammenbruch des Bildungswesens oder eine vage Notwendigkeit der Anerkennung sozialer Relevanzen oder vor allem durch, sei es erfundene, sei es wirkliche ökonomische Bedürfnisse begründen" (Dahrendorf 1980a, S. 57). Dies gilt auch, da die ökonomischen Folgen von Bildung durchaus ambivalent sind (Dahrendorf 2010[2005], S. 128): „Nach wie vor bringt ein akademischer Abschluss bessere Berufs- und Einkommenschancen mit sich als ein Hauptschulabschluss. Aber die viel beschworene Wissensgesellschaft hat eine fatale Neigung, sich selbst überflüssig zu machen: Neue Entwicklungen bedeuten in aller Regel weniger Arbeitsplätze". Der einzige Grund für ein ‚Recht auf Bildung' sei vielmehr „in einer entwickelten Gesellschaft […] vielmehr das soziale Grundrecht aller auf die Chancen, für die ihre Fähigkeiten und ihre Wünsche sie ausstatten" (Dahrendorf 1980a, S. 57), was eine Beseitigung von wirtschaftlichen, sozialen und rechtlichen Hindernissen im Zugang zu Bildung bedeutet (Dahrendorf 1965b, d, 1980a). Dahrendorf identifiziert für die beginnenden 1960er Jahre keine rechtlichen Hindernisse, „die die Kinder von Arbeitern daran hindern, die höhere Schule und die Universität zu besuchen" (Dahrendorf 1965d, S. 15). Vielmehr sieht er „die Barrieren in der Sozialstruktur und den durch sie geprägten Motiven von Menschen" (Dahrendorf 1965d, S. 15). Hier identifiziert er zwei Strukturbereiche: die Familie und die Schule. Arbeiterfamilien mangele es einerseits an finanziellen Mitteln, und andererseits am Verständnis für die Sinnhaftigkeit von langfristigen Investitionen (und dabei handelt es sich um höhere Bildung) – in Verständnis, das durch die Lehrenden an Schulen klassischerweise Verstärkung finden müsse. Da diese üblicherweise die Kinder höherer Schichten für gehobene Bildung am geeigneteren hielten, fand sich im Gegenzug „die Überzeugung vieler Lehrer vom

Begabungsmangel der Arbeiterkinder und der ‚Senkung des Niveaus' durch die Veränderung der Sozialstruktur ihrer Schüler" (Dahrendorf 1965d, S. 34).

Mit der (auch öffentlichkeitswirksam in der ‚Zeit' dargelegten) Forderung ‚Bildung ist Bürgerrecht' verfolgt Dahrendorf ein weitreichendes gesellschaftspolitisches Ziel: „Das Bauwerk der freien deutschen Gesellschaft hat auch darum noch kein Fundament, weil diese Gesellschaft noch keine Bildungspolitik hervorgebracht hat" (Dahrendorf 1965b, S. 11). Demnach sei „die Modernisierung der Gesellschaft, die Herauslösung der Menschen aus ihren ungefragten Bindungen und Befreiung zur Möglichkeit, ihre Rechte auch wahrzunehmen, [...] in Deutschland noch immer sehr unvollkommen verwirklicht" (Dahrendorf 1965b, S. 24). Mit dieser Forderung wird – so Dahrendorf (1974, S. 7) – „die staatsbürgerliche Rolle auf Bereiche ausgeweitet, für die sie ursprünglich nicht gedacht war". Bildung wird somit zu einem „Teil der sozialen Bürgerrechte" (Dahrendorf 1974, S. 7). Drei Aspekte des Bürgerrechtes auf Bildung formuliert Dahrendorf als Konsequenz der im vorangegangenen Absatz dargelegten Überlegungen:

1. Es sei ein „soziales Grundrecht aller Bürger, das gleichsam den Fußboden absteckt, auf dem jeder Staatsbürger stehen darf und muss, um als solcher tätig zu werden" (Dahrendorf 1965b, S. 23).
2. Es sei „Chancengleichheit in jenem rechtlichen Sinne [sicherzustellen], in dem dieser Begriff zumeist gemeint ist. Es darf keine systematischen Bevorzugungen oder Benachteiligungen bestimmter [...] leistungsfremder Merkmale [...] oder wirtschaftlicher Lage geben" (Dahrendorf 1965b, S. 23).
3. Da dieser Aspekt lediglich den formalen Aspekt der Benachteiligung betrifft und Chancengleichheit damit allein nicht umgesetzt werden kann, bedürfe es nicht allein der Verfassungspolitik, vielmehr „begründet das Prinzip des Bürgerrechtes auf Bildung eine aktive Bildungspolitik" (Dahrendorf 1965b, S. 24). Einen wesentlichen Beitrag hierzu sieht er in „der Expansion des Bildungswesens" (Dahrendorf 1965b, S. 30), also der Steigerung der Zahl von Menschen mit Abitur bzw. Hochschulabschluss, auch parallel zur Berufstätigkeit.

Inwiefern Chancengleichheit in einer Gesellschaft verwirklicht ist, lässt sich daran messen, „inwieweit es gelungen ist, dass die verschiedenen Gruppen in den einzelnen Bereichen der Gesellschaft in gleicher Weise vertreten sind" (Dahrendorf 1974, S. 8). Dies lässt sich anhand der für Dahrendorf nahezu klassischen Arbeiterkinder illustrieren: Denn es sei ein Kriterium für Chancengleichheit, ob diese „Arbeiterkinder an den weiterführenden Chancen und an den Universitäten entsprechend dem prozentualen Anteil der Arbeiter an der Bevölkerung vertreten sind" (Dahrendorf 1974, S. 8). Sein Konzept der gleichen Lebenschancen versteht Dahrendorf – und hier wird die liberale Weltsicht sehr deutlich – „primär als Umsetzung des Freiheitsprinzips, und weniger des Gleichheitsgedankens" (Linden 2016, S. 179), stark zugespitzt ließe sich formulieren, die Gleichheit hat gegenüber den Chancen eine dienende Funktion.

Entsprechend seiner Haltung zu ‚Bildung als Bürgerrecht' sieht er Bildung nur zu einem Teil als bedarfsgesteuerte Ausbildung, in der in besonderer Weise „die Wünsche und Fähigkeiten der Menschen selbst in Rechnung" (Dahrendorf 1967b, S. 13) zu stellen seien. Zu diesem Zwecke sei die „Politik der bloßen Vermehrung von Einrichtungen und Stellen" (Dahrendorf 1967, S. 13) aufzugeben, sondern die Strukturen des Hochschulsystems bedürfen eines Umbaus. Gerade das Hochschulwesen in der Mitte der 1960er Jahre sei von einem erheblichen Reformstau geprägt: Der „der deutschen Universität zugrunde liegende Begriff der Wissenschaft trägt noch immer vormoderne Züge" (Dahrendorf 1965b, S. 109), zumindest was die Geisteswissenschaften betreffe. Die erfahrungswissenschaftlichen Zugänge zu Natur und Gesellschaft seien nur unzureichend akzeptiert gewesen, wobei das Niveau der Absolventen zugleich abgesunken sei und es eine zunehmende Zahl von Studienabbrechern, bei gleichzeitig langer Studiendauer der Absolventen gäbe (Dahrendorf 1965b). Insofern sei die logische Folge der Aussage ‚unter den Talaren, der Muff aus tausend Jahren' der studentischen 1968er nicht etwa „die Talare zu reinigen, sondern sie gänzlich zu beseitigen und damit die gesamte Struktur der akademischen Selbstverwaltung" (Dahrendorf 2004, S. 62). So favorisiert Dahrendorf (1965b) strukturell die Differenzierung in ein Kurz- und ein Langstudium. Die Kurzstudien sollten eher der praktischen, die Langstudien eher der theoretischen Ausbildung dienen, wobei die Kurzstudien primär dem Fachhochschulbereich, die Langstudien den Universitäten zugeordnet werden sollten, wenn nicht beide gemeinsam an Gesamthochschulen angeboten würden. Gerade diese Gesamthochschulen hält er für geeignet, den Differenzierungsbedarfen in Forschung und Lehre – gemäß seinem Credo „Bildung durch Wissenschaft" (Dahrendorf 1994, S. 243) – gerecht zu werden. Diese schließen auch „reine Forschungsinstitute" (Dahrendorf 1967b, S. 138) ein, die allerdings auch „einen Ausbildungseffekt haben, denn auch dort sitzen junge Wissenschaftler, die bei ihrer Arbeit etwas lernen" (Dahrendorf 1965b, S. 138). Die Entscheidung, ob ein Kurz- oder ein Langstudium angestrebt wird, solle dem Einzelnen überlassen werden, denn eine Lenkung solle nur durch „Beratung und Information" (Dahrendorf 1965b, S. 72) erfolgen. Entsprechend seinem kritisch-rationalistischen Wissenschaftsverständnis (siehe Kap. 3) lehnt Dahrendorf eine Politisierung der Hochschulen ab, da es keinen Bedarf gäbe, Universitäten als Keimzellen politischer Veränderungen zu konzipieren (Dahrendorf et al. 1978).

Mit dem ,Bürgerrecht auf Bildung' geht auch eine Veränderung der „soziale[n] Konstruktion des Lebens [...] als Zeitfolge" (Dahrendorf 1980b, S. 750) einher: Zwar bleibt der erste Abschnitt, jener der Kindheit und Jugend, durch Ausbildung geprägt, doch gleicht die Phase der Berufstätigkeit immer weniger einem Kontinuum. Letztere Phase ist zunehmend durch Wechsel und auch weitere Aus- und Fortbildungszeiten geprägt, denn gerade hier findet derzeit eine Differenzierung zwischen Beruf und Freizeit statt. Auch der ehemals klare biografische Abschnitt des Ruhestandes wird zunehmend zur eigenen Bildung (z. B. ,Seniorenstudium', Bildungsreisen) genutzt.

Rund 40 Jahre nach seiner Forderung nach ,Bildung als Bürgerrecht' sieht er den Bedarf nach Weiterentwicklung des Bildungswesens, denn der Ansatz, „dass Bildung Bürgerrecht ist, rief seinerzeit wie selbstverständlich den Staat auf den Plan. Von der Bildungswerbung über Stipendien bis zur Schaffung neuer Schulen und Hochschulen war der Staat gefordert" (Dahrendorf 2010[2006], S. 114). Doch fehle heute der Glaube, der Staat könne die Bildungschancen aller garantieren, sodass die neue Bildungspolitik „auf eine Mischung, manchmal auch die bewusste Verbindung von privater und staatlicher Initiative baut" (Dahrendorf 2010[2006], S. 114). Entscheidend für das Bildungswesen ist die Einhaltung bestimmter Mindeststandards, die durch den Staat zu garantieren seien, „verbunden mit einem breiten Spektrum von Wahlchancen jenseits des Minimums" (Dahrendorf 2010[2006], S. 115). Entsprechend befürwortet er – in Hinblick auf die Universitäten von Oxford und Harvard – eine Öffnung der Hochschulen, sowohl was eine „unbefangene Mischung von privaten und öffentlichen Mitteln" (Dahrendorf (2010[2004c], S. 161) betrifft, als auch das Aufbrechen der „Elfenbeinturm-Ideologie" (Dahrendorf 2010[2004c], S. 161), in der der „Kontakt mit der Wirtschaft und der Politik [...] nicht als unfeine Verunreinigung, sondern als normaler, ja erfreulicher Teil des akademischen Wirkens [gilt]" (Dahrendorf 2010[2004c], S. 161).

Quintessenz zu Kap. 8: Die Vergrößerung individueller Lebenschancen ist für Dahrendorf die zentrale Aufgabe von Gesellschaft im Allgemeinen und von Politik im Besonderen. Die gesellschaftliche Fassung, in der Lebenschancen maximiert werden können, ist aus seiner Sicht die Bürgergesellschaft. Die Bürgergesellschaft ist durch drei Merkmale geprägt: Rechtsstaatlichkeit, die Autonomie von Organisationen und Institutionen sowie ein Umgang der Bürger, der von Höflichkeit, Toleranz, Gewaltlosigkeit, Bürgerstolz und Zivilcourage geprägt ist. Damit Menschen in der Lage sind Lebenschancen wahrzunehmen, ist Bildung nötig, insofern ist für Dahrendorf Bildung ein Bürgerrecht. Damit das Bildungswesen seiner Aufgabe individuelle Lebenschancen zu vergrößern nachkommen kann, darf es nicht in bürokratischen Regelungen erstarren. Insofern plädiert Dahrendorf für die Definition von Mindeststandards in der Bildung durch den Staat, während die Trägerschaft von Bildungseinrichtungen stärker differenziert werden sollte. Als geeignete Form der Demokratie hält er die parlamentarische, da diese, mehr als z. B. die direkte, in besonderer Weise in der Lage sei, komplexe Konflikte nach sorgfältiger Abwägung zu regeln.

Gesellschaftliche Umbrüche und die bedenklichen Verhältnisse von Intellektuellen und Herrschaft

In den letzten beiden Jahrzehnten seines Lebens hat sich Ralf Dahrendorf in seinen Schriften in besonderer Weise mit den Themen der Veränderungsprozesse in den Gesellschaften in Ostmittel- und Osteuropa wie auch mit den Anfälligkeiten von Intellektuellen gegenüber autokratischem Gedankengut in Zeiten der Krisen befasst. In beiden Fällen konnte er auf eine lange eigene Tradition der Auseinandersetzung mit dem Sozialismus (hier sogar bis zu den Anfängen seiner akademischen Karriere zurückreichend) wie auch akademischer Bildung zurückgreifen.

9.1 Die Beobachtungen der Transformation in Ostmittel- und Osteuropa

Die Betrachtungen über die Veränderungen in Ostmittel- und Osteuropa von Ralf Dahrendorf fußen einerseits in den Analysen, die er seit seiner Hamburger Dissertation zu Karl Marx angefertigt hat, andererseits in der Befassung mit dem ‚real existierenden Sozialismus‘ vor dem Wendejahr 1989. Mit letzterem befasste er sich insbesondere vor dem Hintergrund seiner konflikt- und politisch-theoretischen Überlegungen. So beschreibt er „das Dilemma des real existierenden Sozialismus in seiner eigenständigen Form […] [darin], dass die von ihm erfassten Länder ihr Problem zunächst politisch definieren" (Dahrendorf 1994b, S. 157). Dies bedeutet, dass kulturelle, ökonomische oder soziale Herausforderungen in politische Fragen transformiert werden. Beispielsweise wird die Frage nach dem günstigsten Standort einer Eisenhütte nicht anhand der Frage entschieden, wo die nötigen Rohstoffe (insbesondere Kohle und Eisenerz) vorkommen, sondern

© Springer Fachmedien Wiesbaden GmbH 2017
O. Kühne, *Zur Aktualität von Ralf Dahrendorf*, Aktuelle und klassische Sozial- und Kulturwissenschaftler|innen, DOI 10.1007/978-3-658-17926-7_9

ob mit der Ansiedlung des Werkes die Zusammensetzung der ansässigen Bevölkerung mit den sozialistischen Arbeitern im Sinne der Herrschenden verändert werden kann (siehe auch Kühne 2001, 2003). Das Dilemma einer solchen Steuerung fasst Dahrendorf (1994b, S. 157) prägnant zusammen: „Natürlich würden die Autokraten und ihre Bürokraten die Wirtschaft gerne florieren sehen, aber dieser Wunsch muss immer zurücktreten hinter politische Notwendigkeiten". Die aus einem solchen Ansatz erwachsende Logik der omnipräsenten Kontrolle, die davon geprägt ist, „dass es Leute gibt, die in der Lage sind, die Bedürfnisse und Wünsche der Menschen zu bestimmen" (Dahrendorf 1980c, S. 48), bedeutet, „dass eine moderne, anpassungsfähige, sich ständig erneuernde Wirtschaft nicht entstehen kann" (Dahrendorf 1994b, S. 157). Die Staaten des Realsozialismus seien stattdessen auf Expansion von Industrie und (in geringerem Maße) Landwirtschaft ausgerichtet. Die Erfüllung der wachsenden Produktionsziele wurde zum zentralen „Erfolgsmaßstab für Dutzende von Ministern und Tausende[n] von Beamten" (Dahrendorf 1980a, S. 79; ähnl. auch Dahrendorf 1997) transformiert (deren Erreichung jedoch häufig ausblieb), da der politische Erfolgsmaßstab demokratischer Gesellschaften, nämlich der Gewinn von freien, gleichen und geheimen Wahlen, fehlte. Die Erinnerung an diese zentralen Ziele realsozialistischer Politik war nahezu omnipräsent, während „alle Fluchtwege liberaler Gesellschaften blockiert [waren], Konsumorgien zum Beispiel, Freizeitbeschäftigungen, Reisen und Ferien, de[r] Rückzug ins Privatleben" (Dahrendorf 1980a, S. 79). Der ständigen Unterversorgung eines Großteils der Bevölkerung, begründet durch Menschen, „die sich in der Lage glauben, die Bedürfnisse und Wünsche anderer Menschen bestimmen zu können" (Gratzel 1990, S. 16), stehen die „devisenfinanzierten Privilegien der Nomenklatura [entgegen], die dieser das Äquivalent einer westlichen Kleinbürgerexistenz erlauben" (Dahrendorf 1994b, S. 157). Währenddessen wurde den Unterversorgten „auf direkten Druck der Ideologie" (Dahrendorf 1980a, S. 80) für ‚nationale Zwecke' unbezahlte Mehrarbeit abverlangt. Anstelle von zwischen Arbeitgebern und Arbeitnehmern ausgehandelten Überstundentarifen in den entwickelten kapitalistischen Gesellschaften gab es im real existierenden Sozialismus „ein Produktionssoll, das es mit allen Mitteln zu erfüllen [galt], außer durch bessere Löhne und bessere Arbeitsbedingungen" (Dahrendorf 1980a, S. 80). Während sich die Klassenstruktur in westlichen Gesellschaften differenziert habe und die Expansion von Wohlstand die Klasse der Besitzenden habe wachsen lassen, sei die Klassenstruktur in realsozialistischen Gesellschaften sehr viel explizierter gewesen als in demokratisch-marktwirtschaftlichen Gesellschaften (Dahrendorf 1980a, S. 80): „Die Funktionäre sind eine herrschende Klasse im klassischen Sinn". Hinsichtlich des Ausbleibens der klassenlosen Idealgesellschaft bis zu den Umbrüchen in Ostmittel- und Osteuropa blieb „Lenins Theorie des Übergangscharakters der sowjetischen Gesellschaft, der Geburtswehen und Kinderkrankheiten des Kommunismus" (Dahrendorf 1961, S. 158) bestehen. Jenseits der Frage, welche Rechtfertigungsmuster der eigenen Existenz der Realsozialismus hervorbrachte, stellte Dahrendorf (1961) für die Deutsche Demokratische Republik (damals von ihm noch ‚Ostzone' genannt) Stabilisierungstendenzen fest, um „allzu leichtfertige Vermutungen der inneren Instabilität der ostdeutschen Gesellschaft zurückzuweisen" (Dahrendorf 1961, S. 311). Hierfür bestanden seiner Ansicht nach im Wesentlichen vier Argumente:

1. Die Wanderungsbewegung (vor dem Mauerbau 1961) von Ost- nach Westdeutschland bedeutete die Abwanderung der Unzufriedenen.
2. Diese Wanderung bedeutete zudem, dass die „[Q]ualifizierten der verschiedensten Bereiche" (Dahrendorf 1961, S. 310) das Land verließen und „fast nur mittelmäßige Kräfte" (Dahrendorf 1961, S. 310) zurückblieben, die nicht in der Lage seien, eine wirksame Opposition selbst gegen die von „geringe[r] Qualität und Qualifikation [geprägten] […] politischen (und anderen) Führungsgruppen" (Dahrendorf 1961, S. 310) aufzubauen.
3. Es gäbe eine beträchtliche Zahl an Personen (er schätzt, rund ein Zehntel der Bevölkerung), die „mit ihrer Existenz an den bestehenden Verhältnissen hängen" (Dahrendorf 1961, S. 311), also hinsichtlich Beruf, Status oder Herrschaftsposition von dem Staat abhängig sind.
4. Es sei „der ostzonalen Führungsschicht gelungen […], einen nicht unerheblichen Teil der Jugend an sich zu ketten" (Dahrendorf 1961, S. 311), indem dieser „eine gewisse Vorzugsstellung" (Dahrendorf 1961, S. 311) eingeräumt worden wäre, um „dadurch die eigene Zukunft zu zementieren" (Dahrendorf 1961, S. 311).

Infolge der sehr unterschiedlichen Entwicklungen in den beiden deutschen Staaten prognostiziert Dahrendorf zu der (damals stark hypothetischen) Frage der deutschen Wiedervereinigung einen lang andauernden Prozess (damals nach knapp eineinhalb Jahrzehnten der Teilung), in dem es auch darum ginge, „dass die deutsche Gesellschaft durch die Wiedervereinigung wieder jenen integrierenden Kern, jenes Zentrum findet, das ihnen [der BRD und der DDR; Anm. O. K.] heute fehlt" (Dahrendorf 1961, S. 319). Dieses Unterfangen bedeutete, ein gemeinsames Geschichtsverständnis zu entwickeln, ein Prozess, der, wie sich in den vergangenen nahezu drei Jahrzehnten Wiedervereinigungsarbeit gezeigt hat, ein eher langfristiges Vorhaben ist.

Der Sozialismus sei – so Dahrendorf (1994b, S. 158) – nicht eine andere Form der Industriegesellschaft, „sondern eine Methode zur Einleitung der Entwicklung". Er sei entsprechend ein „Entwicklungsländerphänomen" (Dahrendorf 1994b, S. 158; auch Dahrendorf 1992) und habe dort seine „besondere Chance, wo die ersten Schritte der Modernisierung und Industrialisierung unter autoritärer Herrschaft stattgefunden haben" (Dahrendorf 1994b, S. 158), oder wie es zeitgenössisch treffend hieß „eben ‚Elektrizität plus Sowjetmacht'" (Dahrendorf 2008, S. 206). So sei Russland im Jahre 1917 „[t]rotz einzelner Inseln der hochgezüchteten Entwicklung und sogar des Kapitalismus [...] im großen und ganzen ein Entwicklungsland [gewesen]" (Dahrendorf 1992, S. 62). Ähnliches gelte für China 1949 wie auch „für viel Länder der Dritten Welt, die es nützlicher fanden, sich auf das sowjetische Modell zu verlassen und die dafür auch eine gewisse Unterstützung von der selbst nicht gerade mit Wohlstand gesegneten Zweiten Welt bekamen" (Dahrendorf 1992, S. 62). Somit wurde der ‚Nomenklatura-Sozialismus' (oder auch der ‚administrative Zentralismus' oder ‚demokratische Zentralismus') „zur bevorzugten Methode der verspäteten Modernisierung" (Dahrendorf 1992, S. 62). Da er aber die Entwicklung einer Bürgergesellschaft nicht erlaube, bezeichnete ihn Dahrendorf (1994b, S. 158) als „allenfalls [...] zweitbeste[n] Weg in die Moderne", als einen Weg, der durch eine große Ineffizienz gekennzeichnet sei, der als Ergebnis folgenden Dilemmas zu verstehen sei: „Beharrt er auf politischer Kontrolle, dann bleibt die Wirtschaft unterentwickelt; nimmt er die Erfordernisse des wirtschaftlichen Fortschritts ernst, dann wird seine politische Grundlage gefährdet" (Dahrendorf 1994b, S. 158). So seien die Entwicklungen, eigens in der Sowjetunion und in China, „das Gegenstück zu unseren bürgerlichen Revolutionen: ein umfassendes Einebnen althergebrachter Institutionen, das aber dennoch keinen wirtschaftlichen Entwicklungsprozess in Gang gesetzt hat, wie wir ihn mit modernen Zeiten assoziieren" (Dahrendorf 1993, S. 15).

Die Schwächen der realsozialistischen Staaten in Ostmittel- und Osteuropa fasst Dahrendorf (1980a, S. 77) knapp zusammen: „Beschränkungen der individuellen Freiheit, eine Tendenz zur monolithischen Organisation der Gesellschaft, eine gefährliche Unfähigkeit, mit Wandel auf rationale Art fertig zu werden". Entsprechend eindeutig fällt Ende der 1970er/Anfang der 1980er Jahre auch sein Vergleich zwischen der Bundesrepublik Deutschland und der Deutschen Demokratischen Republik aus: „Produktionszahlen und Konsumchancen, Volkseinkommen und Individualeinkommen liefern ein eindeutiges Ergebnis. Ein Land, das seine Bürger durch Mauern, Minenfelder und Stacheldraht festhalten muss, kann ohnehin schwerlich für sich in Anspruch nehmen, es hätte die Lebenschancen von Individuen maximiert" (Dahrendorf 1980a, S. 78). Ein wesentlicher Grund für die geringe Entwicklungsfähigkeit realsozialistischer Staaten lag auch in der systemimmanenten

Bevorzugung des sekundären gegenüber dem tertiären Wirtschaftssektor, insbesondere von hochschulischer Forschung und Lehre, die, um innovativ sein zu können, große Freiheiten benötigen. Infolgedessen waren die „Universitäten zur Stagnation verurteilt" (Dahrendorf 2000b, S. 13) und auch ehemals berühmte Universitäten in Ostmittel- und Osteuropa verloren an Bedeutung.

Die Umbrüche des Jahres 1989 in Polen und Ungarn bezeichnete Dahrendorf (2004) mit Timothy Garton Ash (1990) als ‚Refolutionen', als Reform-Revolutionen, denn „die Veränderungen gingen tief, aber sie hatten die Form drastischer Reformen von oben, nicht der Umwälzung durch erfolgreichen Druck von unten" (Dahrendorf 2004, S. 17). Doch auch diese ‚Refolutionen' haben nicht alle Probleme zu lösen vermocht, so stellte Dahrendorf Anfang der 1990er Jahre fest: „Statt eines liberalen Arkadiens findet man vielerorts Zerfall und Zwist" (Dahrendorf 1992, S. 5). Während die kommunistische Weltanschauung die Möglichkeit impliziert, als ‚Ersatzreligion' zu fungieren (eine genauere Betrachtung dieses Potenzials erfolgt in Abschn. 9.2), liefern „Demokratie und Marktwirtschaft […] für diesen Verlust keine Entschädigung. […] Sie stiften keine Zugehörigkeiten" (Dahrendorf 1992, S. 8), da ihre zentrale Eigenschaft darin besteht, dem Einzelnen die Möglichkeit zu eröffnen, sein Leben nach eigenen Vorstellungen zu gestalten. Das ist wiederum damit verbunden, dass „ein großes Bedürfnis unbefriedigt [bleibt], eben das nach Zugehörigkeit, nach Ligaturen" (Dahrendorf 1992, S. 8). Dieses Bedürfnis nach Ligaturen sei häufig in eine „neue Homogenitätssuche" (Dahrendorf 1992, S. 9) übergegangen, dem Wunsch zahlreicher Menschen, „unter ihresgleichen zu leben" (Dahrendorf 1992, S. 9), verbunden mit der „Unterdrückung von Minderheiten im Innern und [der] künstliche[n] Abgrenzung nach außen. Weniger harmlos formuliert, folgt aus dem falschen Gott der homogenen Nation oft Bürgerkrieg und Krieg" (Dahrendorf 1992, S. 9).

Der Wandel zahlreicher Gesellschaften Ostmittel- und Osteuropas von einem realsozialistischen zu einem demokratisch-marktwirtschaftlichen wurde (und wird) vielfach als eine ‚Rückkehr zum Kapitalismus' beschrieben. Einer solchen Deutung der Rückwärtsgewandtheit widerspricht Dahrendorf (1992, S. 64): „Sie [Menschen, die eine solche Deutung vertreten; Anm. O. K.] irren in mehr als einer Hinsicht, aber vor allem insofern sie sich an die falsche Annahme von Marx klammern, dass der Sozialismus dem Kapitalismus folgt. Tatsächlich ist das Gegenteil der Fall", schließlich stellten marktorientierte Wirtschaftsformen, „die auf Anreizen und nicht auf Planung und Zwang basieren" (Dahrendorf 1992, S. 64), eine höhere Stufe moderner Entwicklung dar. Vielmehr sei – in vielen Ländern Ostmittel- und Osteuropas – der Sozialismus „eine Methode [zum] Eintritt in die Moderne" (Dahrendorf 1992, S. 65). In anderen Ländern (wie etwa der Deutschen Demokratischen Republik oder Tschechien) sei der „existierende Sozialismus das

Resultat der Hegemonialansprüche der Sowjetunion" (Dahrendorf 1992, S. 65) und habe damit „hoffnungsvolle Ansätze des Prozesses der Modernisierung zerstört" (Dahrendorf 1992, S. 65), denn diese Gesellschaften hatten bereits einen weiten Weg in Richtung Moderne zurückgelegt, bevor sie auf die östliche Seite des Eisernen Vorhangs gerieten. Seine Kernthese zu den Transformationen in Ostmittel- und Osteuropa formuliert er folgendermaßen: Diese Gesellschaften hätten nicht etwa an der Stelle des Realsozialismus ein anderes System gewählt, wie etwa den Kapitalismus, „sie haben die offene Gesellschaft gewählt, in der es hundert verschiedene Wege zur Freiheit gibt, von denen eine Handvoll zu jedem gegebenen Zeitpunkt zur Auswahl stehen" (Dahrendorf 1992, S. 135).

Entsprechend seiner – Popper folgenden – Grundeinstellung, gesellschaftliche Entwicklung sei kein auf ein Ziel gerichtetes Projekt (siehe Abb. 9.1), kritisierte er die These von Francis Fukuyama (z. B. 2000), das Jahr 1989 markiere ‚das Ende der Geschichte', denn diese These enthielte zwei Irrtümer: „Der erste, grundsätzlichere lag darin, dass sie Hegel in der anmaßenden Annahme folgte, die Geschichte schreite ,dialektisch' zu einem notwendigen Ziel fort, das zwar nicht (wie bei Hegel) mit dem preußischen Staat der nachnapoleonischen Zeit, wohl aber mit dem Obsiegen des westlichen Projektes 1989 erreicht worden sei" (Dahrendorf 2004, S. 12). Der zweite Irrtum, den Dahrendorf bei der These erkennt, ist in deren Perspektive begründet: „Sie sieht 1989 gleichsam von hinten, als Ergebnis vieler Jahrzehnte des Kalten Krieges, ja als dessen erfolgreicher Abschluss" (Dahrendorf 2004, S. 12). Doch lassen sich diese Jahrzehnte auch als Zeit der Stagnation verstehen, in denen viele Entwicklungen blockiert waren, „weil die bipolare Welt damit beschäftigt war, auf den jeweiligen Feind zu starren" (Dahrendorf 2004, S. 13).

Aus den Transformationsprozessen in Ostmittel- und Osteuropa leitet Dahrendorf (2004, S. 94) fünf Lehren „für unser Verständnis von Ökonomie und Politik" ab:

1. Die Transformationen gehen in großen Teilen aus einem „wirtschaftlichen Fehlmanagement der alten Herrscher und des daraus folgenden Unwillens der Beherrschten" (Dahrendorf 2004, S. 94) hervor. Dieser Unwille wird dann besonders groß, wenn sich die eigene Lage verschlechtert, während „es den Mächtigen gut geht" (Dahrendorf 2004, S. 94), und wenn deutlich wird, „wie gut es den anderen Ländern ihrer Nachbarschaft geht" (Dahrendorf 2004, S. 95).

2. Der erste Schritt des Umsturzes ist politisch, wenn deutlich wird, dass fundamentale Reformen zur Besserung der eigenen Lage mit dem herrschenden gesellschaftlichen System nicht erreichbar sind. Dabei wird deutlich, dass „eine völlig neue Klasse […] nötig [ist], um institutionelle Reformen in die

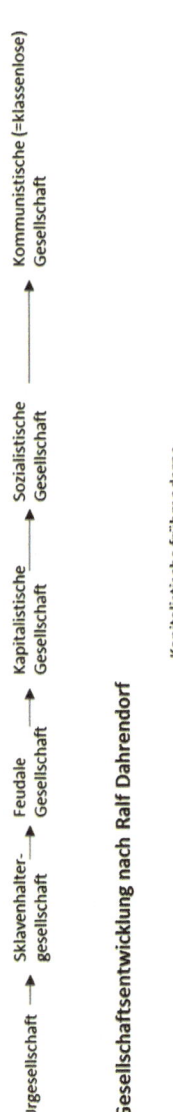

Abb. 9.1 Die unterschiedlichen Stufen der gesellschaftlichen Entwicklung nach Marx und Dahrendorf. Während bei Marx die Geschichte teleologisch auf die kommunistische Gesellschaft hinausläuft, ist die gesellschaftliche Zukunft bei Dahrendorf offen. (Quelle: Eigene Darstellung)

Wege zu leiten und die Rahmenbedingungen von Regeln und Instanzen zu schaffen, die für die Wirtschaftsentwicklung nötig sind" (Dahrendorf 2004, S. 95).

3. Der Pfad „zu prosperierenden (Markt-)Wirtschaften [führt] durch ein Tal der Tränen" (Dahrendorf 2004, S. 95), denn für die Mehrheit der Menschen verschlechtern sich die ökonomischen Lebensbedingungen, bevor sie sich verbessern.

4. Der Weg durch das ‚Tal der Tränen' beinhaltet zahlreiche politische Herausforderungen, die mit Disziplin zu bewältigen sind. So ist etwa dafür Sorge zu tragen, „dass die Dinge nicht aus dem Ruder laufen, weil Regierungen lautstarken Forderungen der Straße nachgeben und dabei die Haushaltsstabilität und bald die Währungsstabilität aufs Spiel gesetzt haben" (Dahrendorf 2004, S. 96). Disziplin ist also erforderlich, bei der „beharrliche[n] Verteidigung der eigenen Institutionen, der Verfassung, gegen alle Herausforderungen und Versuchungen" (Dahrendorf 2004, S. 96).

5. Dieser Punkt stellt eher eine normative, denn eine analytische Aussage dar: Wenn sowohl wirtschaftliche Prosperität als auch politische Demokratie erreicht sind, besteht eine große Herausforderung darin, „die beiden in der Realität wie in den Köpfen hinlänglich voneinander zu trennen, um die Ökonomie ihren Selbstheilungskräften zu überlassen und die Demokratie stabil zu halten, auch wenn Rezessionen und Wirtschaftskrisen eintreten" (Dahrendorf 2004, S. 96–97).

9.2   Die Anfälligkeit der Intellektuellen

Ein wesentlicher Ausgangspunkt für die Befassung mit der Frage der Anfälligkeit von Intellektuellen in ‚Zeiten der Prüfung' – so ein Teil des Untertitels des 2008 veröffentlichten Buches ‚Versuchungen der Unfreiheit' – lag in der von ihm konstatierten Rätselhaftigkeit, „dass so viele Intellektuelle sich im Jahr 1933 von den Schalmeienklängen des Nationalsozialismus haben betören lassen" (Dahrendorf 2008, S. 17). Dazu zählte nicht allein die Rektoratsrede Martin Heideggers vom 27. Mai 1933, in der er Hitler und den Nationalsozialismus nicht nur lobte, vielmehr geradezu bewarb und so „dem Zeitgeist auf beschämende Weise verfiel" (Dahrendorf 2005, S. 13), sondern selbst das Bekenntnis des als Jude schon früh nach England emigrierten Frankfurter Soziologen Karl Mannheims im Jahre 1934, Hitler zu mögen.

Seine Untersuchung fokussiert Dahrendorf dabei auf ‚den öffentlichen Intellektuellen'. Ein wesentliches Merkmal von Intellektuellen ist – so Dahrendorf

(1961, S. 195) – der „Bruch mit der eigenen – geographischen oder sozialen – Herkunftssphäre". Öffentlich werden die Intellektuellen dadurch, dass sie „mit dem und durch das Wort wirken" (Dahrendorf 2008, S. 23), denn „sie wollen, dass andere, möglichst viele andere, hören oder besser lesen, was sie zu sagen haben. Ihr Beruf ist die kritische Begleitung des Geschehens" (Dahrendorf 2008, S. 23), denn diese, fügt er später – in Anlehnung an Joseph Schumpeter – hinzu, seien befähigt, „die obwaltenden Verhältnisse, einschließlich der eigenen Herkunftsgruppe, kritisch unter die Lupe zu nehmen" (Dahrendorf 2008, S. 23). Dahrendorf arbeitet hier drei Elemente heraus, mit denen er die Bindungskraft des Nationalsozialismus – auch für öffentliche Intellektuelle – erklärt (Dahrendorf 2008):

1. Die Bindungen in einer Gemeinschaft, die einerseits sehr abstrakt als ‚Volksgemeinschaft' imaginiert wurde, und andererseits auch in sehr konkreten Gemeinschaften, die unter Bezeichnungen wie ‚Horde', ‚Fähnlein' oder ‚Stamm' fielen, waren eine „Versuchung für viele, die sich nun vorher atomisiert und verloren gefühlt hatten oder nicht" (Dahrendorf 2008, S. 30). Die besondere Versuchung für Intellektuelle bestand darin, dass sie „zugleich de[n] Kulturpessimismus der deutschen Tradition (‚Der Rembrandtdeutsche') und die ästhetisierenden Visionen totaler Ordnung (‚Der Arbeiter') befriedigten" (Dahrendorf 2008, S. 30)
2. Die Versuchung der Führerschaft, die auf das Charisma einer einzelnen Person fokussiert war. Dies impliziert die Auffälligkeit, „dass keine Version des Faschismus je die Frage der Nachfolge hat lösen müssen; es wäre wohl auch in keinem Fall gelungen, eine Lösung zu finden" (Dahrendorf 2008, S. 31). Gerade Intellektuelle, die Freiheit mit der ‚Unordnung' des Marktes verbanden, waren anfällig für eine Interpretation, die „Freiheit mit Ordnung" (Dahrendorf 2008, S. 32) verband.
3. Das Element der ‚Verklärung', in dem der Nationalsozialismus zu einer Art ‚Ersatzreligion' mutierte. Besonders geeignet für eine Verklärung erwies sich dabei der „Begriff der Nation. Dass nationale Größe, nicht das Streben nach individuellem Glück das Ziel der Politik sein sollte, unterschied Faschisten von Demokraten" (Dahrendorf 2008, S. 32). Die Hoffnung auf nationale Größe erwies sich als Möglichkeit, allerlei Frustration zu kanalisieren und zu binden.

Diese Elemente machen den Faschismus zu einer „Gegenwartsideologie" (Dahrendorf 2008, S. 36), die sich von der Zukunftsorientierung des Kommunismus unterschied. Denn der reale Sozialismus war, wie auch in Abschn. 9.1

dargestellt, „doch (noch) nicht das gelobte Land, sondern allenfalls ein erster Schritt auf dem Weg zum Paradies auf Erden" (Dahrendorf 2008, S. 36). Auch unterschieden sich die ersatzreligiösen Ansprüche (im Sinne von Ligaturen) im Faschismus und Kommunismus (Dahrendorf 2008, S. 38): „Während der Faschismus eine Welt versprach, in der alte Bindungen an Blut und Boden neu erfunden und gestaltet werden, bot der Kommunismus eine bestimmte Bindung im hier und jetzt, nämlich die an die alles fordernde Partei mit ihrem fast unaufgebbaren totalen Anspruch" (Dahrendorf 2008, S. 38). So stellt er knapp die Versuchungen des 20. Jahrhunderts gegenüber: „Bindung, Führung und Verklärung waren die Merkmale des Faschismus; Bindung, Hoffnung und Verklärung die des Kommunismus" (Dahrendorf 2008, S. 41).

Statt diesen Versuchungen nachzugeben, fordert Dahrendorf öffentliche Intellektuelle auf, „ihre Meinung in einer fremden, ja feindseligen Umwelt zu vertreten" (Dahrendorf 2008, S. 61). Die Aufgabe des Wissenschaftlers ist es beispielsweise, auch in dem Bewusstsein um Wahrheit zu ringen, „dass sie die Wahrheit nicht finden werden" (Dahrendorf 2008, S. 61). Dieses Ringen ist einerseits stark individuell, andererseits stark prozesshaft geprägt: „Die Einzelkämpfer um Wahrheit [...] verkünden keine Wahrheit, sondern begeben sich auf die Suche nach ihr. Dass sie in einem Horizont der Ungewissheit treiben, ist immer mitgedacht" (Dahrendorf 2008, S. 61). Dies bedeutet auch, sich auf einen Weg zu begeben, der „immer wieder Versuchungen des ewigen Friedens Raum" (Dahrendorf 2008, S. 67) bereithält. Solche Sehnsüchte können sich (wie bei Marx und seinen Anhängern) in den „Hoffnungen auf eine ideale Endgesellschaft" (Dahrendorf 2008, S. 67) zeigen und sind stets von der Gefahr geprägt, individuelle Lebenschancen zu missachten, die Welt dichotom in Freund und Feind aufzuteilen, „daher Intoleranz und den Missbrauch der Macht" (Dahrendorf 2008, S. 76) zu implizieren. Anstatt solchen Versuchungen zu erliegen, legt der Gebrauch von Vernunft hingegen „eine unparteiische, tolerante, verantwortliche Haltung nahe" (Dahrendorf 2008, S. 76). Hier kommt Dahrendorf zu der klassischen Verbindung von Rationalität und Liberalismus zurück, die ihre fundamentale Schwäche in der liberalen Idee darstelle: „sie ist fast kraft Definition eine Sache des Kopfes, nicht des Herzens" (Dahrendorf 2008, S. 79). Den Anhängern eines (neo)marxistischen Weltverständnisses attestiert Dahrendorf (1983a) eine dreifache Irrationalität:

1. In der Verkennung ökonomischer Zusammenhänge, werde Wirtschaft „als nahezu unbegrenzt melkbare Kuh" (Dahrendorf 1983a, S. 56) verstanden. In diesem Unverständnis werde es für möglich gehalten, „dass eine durch die Gemeinschaft in Produktionsumfang und Produktionsrichtung gelenkte Wirtschaft mehr Wohlfahrt für alle" (Dahrendorf 1983a, S. 56) garantiere.

2. Der Wunsch nach einer gemeinschaftlich gelenkten Wirtschaft werde verbunden „mit einer entschiedenen Vorliebe für kleine, dezentrale Einheiten"
(Dahrendorf 1983a, S. 56). Hier zeigt sich eine deutliche Abgrenzung zum
Staatssozialismus des westlichen Neomarxismus: Hier wurden – infolge einer
einfacheren zentralen Steuerungsmöglichkeit – insbesondere große betriebli-
che Einheiten bevorzugt (z. B. Wellisz 1964; Kühne 2002; in aktuellen Inter-
pretationen des Sozialismus könnten diese kleinen betrieblichen Einheiten
auch experimentelle Züge tragen; siehe Honneth 2015).

3. Dieses Weltverständnis sei mit einer „tiefe[n] Solidaritätshoffnung" (Dahrendorf
1983a, S. 57) verbunden, einer Vorstellung, „dass Menschen sich unter bestimmten gesellschaftlichen Bedingungen anders verhalten werden als unter den
obwaltenden Umstände[n]" (Dahrendorf 1983a, S. 57).

Der Gefahr der Irrationalität zu erliegen und Utopien zu verfolgen, besteht aus
Sicht von Dahrendorf nicht allein für Marxisten, sondern für alle Intellektuelle,
eigens Soziologen. Wie bereits in Kap. 3 deutlich wurde, ist die Erfahrung der
Fremdheit in der ihn umgebenden Gesellschaft ein wesentlicher Grund, sich mit
dem Thema ‚Gesellschaft' zu befassen: „Der ‚Fremde' ist in seiner Gesellschaft
unglücklich; aber ihn hält die Hoffnung auf eine bessere Welt" (Dahrendorf 1968,
S. 95). Diese Hoffnung bleibt jedoch nicht abstrakt, sie nimmt in der Fantasie
konkrete Formen an. Sie formt eine schöne Zukunft und „überschreitet nicht nur
die Unvollkommenheiten der Gegenwart, sondern auch ihre gesellschaftlichen
Gesetze und die aller Vergangenheit" (Dahrendorf 1968, S. 95), er wird anfällig für Utopien, „eine ‚Krankheit' […], ein Irrweg des Geistes" (Dahrendorf
1968, S. 95). In Rückgriff auf Karl Popper schildert Dahrendorf (1983b, S. 61)
die Schwierigkeit, Zukunft zu entwerfen folgendermaßen: „Wann immer wir die
Zukunft entwerfen – und die Zukunft zu entwerfen ist vielleicht eine der großen
menschlichen Aufgaben –, machen wir einen Versuch, der auch ein Irrtum sein
kann", was letztlich bedeutet, dass möglichst viele Antworten auf die Fragen der
Zeit möglich sein sollten (u. a. Dahrendorf 1983b, 1991).

Was es aus seiner Sicht jedoch braucht, um den Versuchungen der Unfreiheit,
d. h. auch den Gefahren der Irrationalität, nicht zu erliegen, fasst Dahrendorf (2008,
S. 81) knapp zusammen: „die Fähigkeit, sich auch wenn man allein bleibt, nicht
vom eigenen Kurs abbringen zu lassen; die Bereitschaft, mit den Widersprüchen
und Konflikten der menschlichen Welt zu leben; die Disziplin des engagierten
Beobachters, der sich nicht vereinnahmen lässt; die leidenschaftliche Hingabe
an die Vernunft als Instrument der Erkenntnis und des Handelns". Den Archetyp
eines Menschen, der diese Tugenden lebte, fand er in dem 1469 (oder 1467) in Rotterdam geborenen Erasmus (verstorben 1536) – der sich als Sohn eines Priesters

und einer Ärztin nicht in die bestehenden Ligaturen einfand und sich selbst seiner holländischen Landessprache rasch entfremdete. Er verschrieb sich der Kritik der herrschenden Verhältnisse – eigens der katholischen Kirche – und trat für ein humanistisches Weltbild ein. Erasmus verband – so Dahrendorf (2005, S. 26) – „die Entdeckung des Geistes in der Antike mit den Fragen, die moderne Menschen stellen. Er war ein Mann des Dialogs, der Diskussion, er hatte Humor. Er reiste häufiger und kannte viele Länder: Länder Europas" (Dahrendorf 2005, S. 26). Die Bereitschaft von Erasmus, „zur Not alleine und nur seinem inneren Kompass folgend auf die Suche nach Wahrheit zu gehen" (Dahrendorf 2008, S. 88), dabei das Neue, die Veränderung zu begrüßen, aber gleichzeitig Gewalt abzulehnen und „den Weg der Überzeugung, der Argumente, der Vernunft" (Dahrendorf 2005, S. 26) zu wählen, macht ihn für Dahrendorf (2008, S. 88) zum „intellektuelle[n] Einzelkämpfer par excellence" (Dahrendorf 2008, S. 88). Aus dieser Argumentation heraus nennt er die „Männer und Frauen, die die Tugenden mit Erasmus teilen" (Dahrendorf 2008, S. 89) auch „Erasmier" (Dahrendorf 2008, S. 89; siehe auch Dahrendorf 2005). Dies hat auch Auswirkungen auf den Bezug zu Staat und Politik, denn wahre Intellektuelle – stellt Dahrendorf (1993, S. 148) fest – „agieren im Rahmen der Bürgergesellschaft, nicht in dem des Staates. Sie sind grundlegenden Werten verpflichtet und begleiten Entscheidungen auf verschiedene Weisen: indem sie eine Richtung vorgeben, diese kritisch verfolgen und ihren Verlauf verfolgen". Entsprechend brauche es in einer freien Gesellschaft „keine Intellektuellen an der Macht" (Dahrendorf 1993, S. 148), schließlich könnten sie durch das Wort wirken.

Quintessenz zu Kap. 9: Entsprechend seinem normativen Gesellschaftsverständnis, es sei die Aufgabe von Gesellschaft (und Politik), individuelle Lebenschancen zu vergrößern, kritisiert Dahrendorf den Sozialismus, sowohl in seiner utopischen als auch seiner real existierenden Variante. Ein wesentlicher Aspekt seiner Kritik liegt in der dem Sozialismus eigenen Konzeption einer ‚Idealen Endgesellschaft', da diese ohne Alternative erscheine und somit Menschen die Freiheit nehme, unterschiedliche Lösungswege für gesellschaftliche Herausforderungen zu suchen. Da er entsprechend die der sozialistischen Weltsicht eigene Interpretation einer Stufenleiter der Abfolge von Gesellschaftstypen ablehnt, weist er auch die Interpretation zurück, die Transformation von 1989 sei eine ‚Rückkehr zum Kapitalismus'. Vielmehr sei der real existierende Sozialismus ein ‚Entwicklungsländerphänomen', um die entsprechenden Gesellschaften zu modernisieren. Der Gefahr, sich durch autoritäre Regime binden zu lassen, unterliegen nicht nur weite Teile der Bevölkerung, sondern auch Intellektuelle, da diese in besonderer Weise nach sozialer Anerkennung und Zugehörigkeit strebten. Statt einer solchen ‚Außenleitung' formuliert er die Erwartung an Intellektuelle, sich an Erasmus von Rotterdam zu orientieren, und stärker auf die ‚Innenleitung‘ eines Vertrauens auf die eigene Vernunft zu folgen.

Exkurs: Bezüge und Parallelen zu anderen liberalen Denkern der Gegenwart
Vor dem eigentlichen Fazit soll an dieser Stelle im Vergleich zu anderen liberalen Denkern der Gegenwart die Aktualität von Ralf Dahrendorf dargestellt werden. Diese zeigt sich auch darin, dass viele Gedanken von anderen Denkern (mit anderen Fachhintergründen) zumeist unabhängig von ihm, aber dennoch nach ihm entwickelt wurden. Hier zeigt sich ein bemerkenswerter Nicht-Bezug: Während sich Dahrendorf schon früh und intensiv mit den Arbeiten Amartya Sens befasst hat (siehe z. B. Dahrendorf 1994b), besteht eine umgekehrte Auseinandersetzung nicht. Gleiches gilt für die Nicht-Bezüge von John Rawls und Martha Nussbaum auf Dahrendorf. Die Wirkungen von Ralf Dahrendorf blieben – trotz zahlreicher englischsprachiger Werke – eher auf Europa bzw. Südamerika beschränkt (siehe auch Niedenzu 2001; Lamla 2005).

In den vergangenen Jahrzehnten wurden in der politischen Philosophie – in liberaler Denktradition – Überlegungen zum Verhältnis des Einzelnen zur Gesellschaft angestellt, die durchaus Parallelen zu den Gedanken Dahrendorfs aufweisen, wie beispielsweise von John Rawls, Amartya Sen und Martha Nussbaum (zur Einführung zu diesen Autoren, siehe z. B. Straßenberger 2006; Freeman 2007; Neuhäuser 2013). John Rawls (1975, S. 29) formuliert als Ausgangspunkt seiner Überlegungen zu den Gerechtigkeitsstandards einen gesellschaftlichen Zustand hinter dem „Schleier des Nichtwissens". Dieser Zustand ist dadurch gekennzeichnet, „dass niemand seine Stellung in der Gesellschaft kennt, seine Klasse oder seinen Status, ebenso wenig sein Los bei der Verteilung natürlicher Gaben wie Intelligenz oder Körperkraft. Ich nehme sogar an, dass die Beteiligten ihre Vorstellung vom Guten und ihre besonderen psychologischen Neigungen nicht kennen" (Rawls 1975, S. 29). Auf der Grundlage dieses Gedankenexperimentes formuliert Rawls stellvertretende Gerechtigkeitsstandards in Form zweier Gerechtigkeitsgrundsätze, die in einer späteren Gesellschaft Gültigkeit haben sollen (vgl. Schaal und Heidenreich 2006). In der Traditionslinie klassischer liberaler Theorien lautet der erste Gerechtigkeitsgrundsatz (Rawls 1971, S. 302): „Jede Person hat den gleichen unabdingbaren Anspruch auf ein völlig adäquates System gleicher Grundfreiheiten, das mit demselben System von Freiheiten für alle vereinbar ist". Die Rechtfertigung für Ungleichheiten erfolgt im zweiten

Gerechtigkeitsgrundsatz: „Soziale und ökonomische Ungleichheiten müssen zwei Bedingungen erfüllen: erstens müssen sie mit Ämtern und Positionen verbunden sein, die unter Bedingungen fairer Chancengleichheit allen offenstehen; und zweitens müssen sie den am wenigsten begünstigten Angehörigen der Gesellschaft den größten Vorteil bringen (Differenzprinzip)" (Rawls 1971, S. 302). Diese Grundsätze werden nicht gleichrangig konzipiert, sondern unterliegen einem Über- und Unterordnungsverhältnis: Das erste Prinzip hat gegenüber dem zweiten den Vorrang; innerhalb des zweiten Prinzips hat die Chancengleichheit gegenüber dem Differenzprinzip Vorrang. Dies hat zum Ziel, Grundrechte und Freiheiten gegenüber der ökonomischen und sozialen Vorteilsgenerierung abzusichern (Rawls 2003; vgl. auch Kühne und Meyer 2015). Durch diese Hierarchisierung reserviert der Liberalismus Freiheit denjenigen, „die sich im Markt durchsetzen" (Herzog 2013, S. 45) könnten. Rawls formuliert eine „Theorie ‚reiner Verfahrensgerechtigkeit'" (Nussbaum 2014, S. 29). Wie Rawls definiert Dahrendorf (1952, S. 33) Gerechtigkeit nicht inhaltlich. Während jedoch Rawls einen Weg zur Ermittlung ‚gerechter Ergebnisse' formuliert, bleibt Dahrendorfs Gerechtigkeitsverständnis (zunächst) rein formal: „‚Gerechtigkeit' ist als das Gerechtsein in Allgemeinheit das Ansprüchen Entsprechen, unter Voraussetzung von Beziehung zweier Dinge, in deren jeder eines einen Anspruch, ein Anrecht an das andere hat. ‚Das Gerechte' ist analog als das Gerechtseiende allgemein das Ansprüchen Entsprechende" (Dahrendorf 1952, S. 33). Die ‚gerechte Gesellschaft' ist bei Dahrendorf eine „Fair-Play-organisierte Gesellschaft […]. Soziale Konflikte, und hier insbesondere die gesellschaftsrelevanten Herrschaftskonflikte, werden von Regeln, die die Gesellschaftsmitglieder durch rationale Einsicht wählen, gerahmt" (Leipertz 2002, S. 199). Zwar ist dieses Verfahren stärker durch das Vertrauen auf die Vernunft der Teilnehmenden geprägt als das Konzept des ‚Schleiers des Unwissens', doch ist das Ergebnis letztlich ein ähnliches: das Prinzip der Verfahrensgerechtigkeit.

Ähnlich zu Ralf Dahrendorf beschränkt sich John Rawls, zu dem sich Dahrendorf bisweilen ‚moralisierend' kritisch äußerte (siehe auch Linden 2016), nicht auf die Forderung nach einer formalen Chancengleichheit, sondern erweitert diese zu einer substanziellen Chancengleichheit. Hier wird beispielsweise der Ausgleich ungleicher Primärsozialisationsbedingungen zur Aufgabe des Staates (vgl. Herzog 2013). Vergleichbare Überlegungen führten Dahrendorf zu seiner Forderung nach ‚Bildung als Bürgerrecht'. Die Durchsetzung substanzieller Chancengerechtigkeit bedingt wiederum einen ‚starken Staat', der durch Schaffung und Aufrechterhaltung von Institutionen „die Grundstruktur einer vollkommen gerechten Gesellschaft sichert" (Sen 2012, S. 54). Amartya Sen (2012) und Martha Nussbaum (2014) erweitern die Überlegungen von John Rawls im Sinne der Entwicklung und Stärkung von Befähigungen. Dabei fokussiert Sen stärker die individuellen Freiheiten und überweist die Operationalisierung des Umgangs mit Befähigungen an gesellschaftliche Aushandlungsprozessen. Nussbaum (2014, S. 115) hingegen beschreibt den Fähigkeitenansatz als „in vollem Sinne universell", wobei „die Achtung von der Individualität im Zentrum stehen [muss], wenn die vom Fähigkeitenansatz angestrebten Ziele erreicht werden sollen" (Nussbaum 2014, S. 287). Ein Beispiel für eine solche Fähigkeit ist die ‚praktische Vernunft', also sich „selbst eine persönliche Auffassung des Guten zu bilden und über die eigene Lebensplanung auf kritische Weise nachzudenken" (Nussbaum 2014, S. 113). Menschen haben (hier in Fortführung des Gedankens der substanziellen Chancengerechtigkeit) Anrechte auf die Entwicklung bestimmter Befähigungen: „In unserer Zeit hat Amartya Sen Hungerkatastrophen mit Anrechten verknüpft, und sogar mit spezifischen Rechten wie der Freiheit der Presse. Wo Meinungsfreiheit herrscht, wird Massenelend zu einem öffentlichen Skandal, der nicht toleriert werden kann" (Dahrendorf 2004, S. 93–94). In seinen späteren Arbeiten, in denen Dahrendorf sich stärker auf die Erweiterung von Lebenschancen (z. B. Dahrendorf 1979) bezieht bzw. sehr affirmativ zu den Ideen Sens Stellung nimmt (z. B. Dahrendorf 1992), wird auch ein substanziellerer Gerechtigkeitsbegriff bei Dahrendorf deutlich: der der Chancengerechtigkeit, d. h. der Freiheitsermöglichung (eine differenzierte Auseinandersetzung mit dem Dahrendorfschen Verständnis von Gerechtigkeit findet sich bei Leipertz 2002).

In der Tradition des Liberalismus verbindet Dahrendorf, Rawls, Sen und Nussbaum der Vernunftbezug. Sen (2012, S. 74) begründet eine solche Fokussierung:

Nachdenken ist eine sichere Quelle der Hoffnung und Zuversicht in einer Welt, die von vergangenen und gegenwärtigen finsteren Taten verdüstert ist. Warum sich das so verhält, ist leicht einzusehen. Selbst wenn wir etwas unmittelbar empörend finden, können wir diese Reaktion prüfen und uns fragen, ob sie angemessen ist und ob wir uns von ihr leiten lassen sollten.

Doch der Vernunftgebrauch beschränkt sich in diesem Sinne nicht auf das Private, sondern ist Grundlage für ein geregeltes Zusammenleben von Menschen. In der Organisation eines solchen Zusammenlebens, in dem „jeder zusammen mit anderen profitiert", sind Menschen „unvernünftig, wenn sie am kooperierenden System teilnehmen wollen, aber nicht bereit sind, irgendwelche allgemeinen Standards, die faire Bedingungen der Kooperation festlegen, zu achten oder gar vorzuschlagen" (Rawls 2003, S. 122).

Die Die Aktualität von Ralf Dahrendorf: ein Fazit

Die Soziologie, teilweise auch die politische Philosophie, Ralf Dahrendorfs hat eine erhebliche Resonanz erfahren. Das Buch ‚Homo Sociologicus' ist – so Dahrendorf (1984, S. 15) – „mit Recht neben anderem als liberal-anarchisches Bekenntnis gelesen worden", das – wie Gerhardt (1994, S. 61) anmerkt – als „Warnung vor der Rollentheorie geschrieben" worden sei. Die Schrift ‚Soziale Klassen und Klassenkonflikt' – freilich in Verbindung mit seinen anderen Veröffentlichungen zum Thema Konflikt – wirkt bis heute in der Konfliktforschung und bildete erste Anstöße zur ‚Konfliktpädagogik' (Dahrendorf 1984; siehe z. B. auch Giesen 1993; Leipertz 2002). Das Buch ‚Gesellschaft und Demokratie in Deutschland' hat die Analyse der Sozialstruktur bis heute beeinflusst. Eine Zeit lang galt es „als Lehr- und Lesebuch vor allem für Jüngere" (Dahrendorf 1984, S. 15–16), da Dahrendorf in diesem Buch „die Leitmotive des Demokratisierungsdiskurses formulierte, der die 1960er Jahre dominieren sollte: zum einen die Diagnose des strukturellen Demokratiedefizits in Deutschland, das auf verkrusteten Autoritätsstrukturen beruhte, und zum anderen das Argument für die Ausweitung der Demokratie von den Institutionen hinein in die Gesellschaft" (Meifort 2014a, S. 143). Der Schlüssel hierzu ist für ihn die Bildungspolitik, dargelegt in ‚Bildung ist Bürgerrecht' (vgl. auch Meifort 2015b). Dieses Buch wie auch seine anderen Arbeiten zur Bildungsforschung – und eigens die daraus gezogenen Schlüsse – haben die Bildungsreformen und insbesondere die Hochschulreformen der späten 1960er und 1970er Jahre wesentlich beeinflusst. Dies allerdings mit ‚zweischneidigem Erfolg', wie Dahrendorf immer wieder festgestellt hat, da er sich häufig gegen eine Politisierung der Hochschule gewandt hat (z. B. Dahrendorf 1984). Nichtsdestotrotz ist sein Einfluss auf die Bildungsexpansion jener Zeit unbestritten, auch wenn die Wirkung seiner konkreten Vorschläge (wie den des ‚Kurzstudiums')

© Springer Fachmedien Wiesbaden GmbH 2017   117
O. Kühne, *Zur Aktualität von Ralf Dahrendorf*, Aktuelle
und klassische Sozial- und Kulturwissenschaftler|innen,
DOI 10.1007/978-3-658-17926-7_10

verhalten blieb und er ihre praktische Umsetzung – wie er sie an der Universität Konstanz begonnen hatte – aufgrund seines Wechsels in die Bundespolitik, die Europäische Kommission und zuletzt nach England nicht unmittelbar weiterverfolgte (Meifort 2014a).

Ehe auf die Aktualität Ralf Dahrendorfs eingegangen wird, sollen einige kritische Aspekte in seinem Werk – freilich aus Perspektive des aktuellen Diskussionsstandes sozialwissenschaftlicher Forschung – aufgedeckt werden. Im ersten Fall handelt es sich um eine Binnenkritik: Entgegen dem kritisch-rationalen wissenschaftstheoretischen Grundverständnis finden sich immer wieder Formulierungen, die essenzialistische Deutungen nahelegen (näheres zu Grundlagen und Konsequenzen von gesellschaftlichen Essentialisierungen siehe Chilla et al. 2015). So ist bisweilen vom ‚Nationalcharakter‘, dem ‚Wesen‘ einer Sache oder auch der ‚slawischen Seele‘ (z. B. Dahrendorf 2004) die Rede. Zudem wird „der deutsche Charakter" (Dahrendorf 1965c, S. 395) gedeutet und der „Kern der Bedeutung" (Dahrendorf 1995a, S. 155), in diesem Falle Friedrich Naumanns, dargelegt. Auch wenn diese Formulierungen metaphorisch gemeint sein können, können sie auch insofern gedeutet werden, hinter ihnen verberge sich die Suche nach dem ‚Wesen‘ einer Sache/eines Sachverhaltes, der sich durch Erfahrungswissenschaften nicht erschließen lässt. Ein anderer Aspekt, der in den Bereich der Binnenkritik fällt, ist die nicht immer ganz stringente Stellung zu wissenschaftlichen Termini. So lehnt er (Dahrendorf 1968) beispielsweise die Definition von ‚Epochen‘ mit der Begründung ab, sie erschwerten den Blick auf den Wandel der Gesellschaft, während er sich in derselben Veröffentlichung umfänglich mit der Bedeutung gesellschaftlicher Epochen (gedeutet quasi als ‚soziale Tatsachen‘) für die Entwicklung wissenschaftlicher Disziplinen befasst (vgl. Abschn. 3.2). Auch wenn diese terminologische Unschärfe dem Wunsch nach Verständlichkeit geschuldet sein sollte, bleibt doch ein innerer Widerspruch.

Eine andere Kritik lässt sich an sein stark normatives, containerräumliches Staats- und bisweilen auch Gesellschaftsverständnis richten. Wobei er bereits 1984 die Unfähigkeit von modernen Volkswirtschaften/Staaten/Staatenbündnissen/ Gesellschaften feststellte, das erreichte Wohlstandsniveau zu garantieren, Recht und Ordnung aufrechtzuerhalten, offene (‚demokratische‘) Verfassungsformen sowie ‚äußere‘ Sicherheit zu garantieren – Analysen, die sich auch in Ulrich Becks zwei Jahre später erschienenen und berühmt gewordenen Diagnose zur ‚Risikogesellschaft‘ finden (Beck 1986). Doch in einem Punkt unterscheidet sich die Dahrendorfsche Diagnose von der Beckschen Interpretation grundsätzlich: In einer Zeit, in der das Konzept des Verständnisses von Gesellschaft und Volkswirtschaft in dem Raumcontainer des Nationalstaates sich als immer weniger belastungsfähig erweist (und auch Dahrendorf befasst sich mit der ‚globalen Klasse‘), findet

Dahrendorf bis zu seinem Tod keinen konzeptionellen Zugang zu der Auflösung der containerräumlichen Bindung von Gesellschaft und Ökonomie, insbesondere aber der Politik. Gerade im Politischen zeigt sich seine starke Verhaftung am Nationalstaat, die sich auch in der Ablehnung des Regionalen und auch der zunehmend kritischen Position zu Europa äußert. So bleiben Grenzen für ihn (auch normativ) bestehen, nur deren Durchlässigkeit wird befürwortet, nicht jedoch deren Infragestellung. Jedoch bleibt auch diese Position nicht eindeutig, da gleichzeitig die Etablierung der ‚Weltbürgergesellschaft‘ gefordert wird. Ähnlich zu den politisch-räumlichen Grenzen verharrt Dahrendorf in der Interpretation der Gesellschaft als eine solche mit deutlichen inneren Grenzen: Hier bleibt er dem Konzept der (dichotomen) Klassengegensätze stark verhaftet (vgl. Lamla 2005). Dies erscheint umso erstaunlicher, da Ralf Dahrendorf wiederholt ausgeführt hat, Macht habe sich zunehmend dezentriert (eine Erkenntnis, die ihn – freilich vor einem anderen gesellschaftstheoretischen Hintergrund – mit Michel Foucault verbindet). So könnte seine Theorie der Konflikte eine Erweiterung in Richtung der vielfach differenzierten Gesellschaft und ihrer ‚Mikro- und Mesokonflikte‘ erfahren. Hier besteht also das Potenzial einer Erweiterung der ‚klassischen‘ Dahrendorfschen Konflikttheorie, die von der Formierung stets zweier Konfliktparteien ausgeht, hin zu einem Verständnis, das eine stärkere Differenziertheit von Konfliktparteien berücksichtigt.

Allgemein lässt sich Dahrendorf eine Fähigkeit attestieren, Brüche und Unzulänglichkeiten (aus der von ihm gewählten Perspektive heraus) dezidiert und wohlbegründet darzulegen. Dies betrifft politische Institutionen (wie die Europäische Gemeinschaft/Union) wie auch soziologische Theorien (wie etwa die des Strukturfunktionalismus oder des Marxismus). Jedoch fallen seine Konzepte zur Überwindung solcher von ihm detektierten Mängel häufig uninspiriert und unspezifisch aus: So kann der Vorschlag zur Rückkehr zur repräsentativen Demokratie, angesichts der von ihm mitinitiierten Bildungsexpansion und des von ihm vorgetragenen Lobs bezüglich Bürgerinitiativen, bestenfalls als schwerlich umsetzbar gelten. Auch die Frage, welche neuen Ligaturen die alten ersetzen sollten, wird eher prozessual, denn inhaltlich beantwortet. Inwiefern der ‚Verfassungspatriotismus‘ althergebrachte Bezugsmuster ablösen kann, ist derzeit ebenfalls noch offen.

Im Anschluss an diese kritischen Anmerkungen erfolgt nun die Hinwendung zu den Impulsen, die von Dahrendorf heute ausgehen können. Die Aktualitäten von Ralf Dahrendorf findet sich sowohl hinsichtlich seiner wissenschaftstheoretischen Überlegungen, seiner sozialwissenschaftlichen Ansätze als auch hinsichtlich seiner politisch-philosophischen Ansätze.

In Zeiten von geschlossenen Referenzsystemen in sozialen Netzwerken (also, die Steuerung von Algorithmen, nur jene Informationen an den Nutzer zu senden, die diesen interessieren könnten, letztlich auch so zu selektieren, dass diese seine bereits existierende Meinung bestätigen) – und vielfach auch in wissenschaftlichen Diskursen – erscheint der normative Vernunftbezug Dahrendorfs (bei allen konstruktivistischen Einschränkungen) sehr aktuell: So liefert empirische Forschung in der Regel sehr relevante Ergebnisse, sofern sie denn dem Forschungsgegenstand angemessen betrieben wird. Sie stelle einen Beitrag zur Vermeidung geschlossener wissenschaftlicher Diskurse dar. Dies erscheint insbesondere angesichts von Verteilungskämpfen wissenschaftlicher Disziplinen und Teildisziplinen sowie strategischer Abgrenzungsbemühungen hochgradig relevant. Damit scheint auch die Aufforderung zu einem problem- anstelle eines disziplinorientierten Arbeitens aktueller denn je. Die großen Herausforderungen der Gegenwart, wie der Klimawandel mit seinen Folgen, das Wachstum der globalen Bevölkerungszahl, der rasche Bedeutungsgewinn elektronischer Steuerungen etc. lassen sich schwerlich gemäß einzelner Fachlogiken wissenschaftlich erschöpfend behandeln.

Eine weitere Aktualität der politischen Philosophie und Wissenschaftstheorie Ralf Dahrendorfs liegt in seiner Forderung nach einem ‚institutionellen Liberalismus': „Weil wir das Wahre und Gerechte nicht erkennen können, brauchen wir in Wissenschaft und Politik die lebendige Auseinandersetzung" (Dahrendorf 1972, S. 315), eine Auseinandersetzung, die jedoch von der Existenz und der Einhaltung geteilter Spielregeln abhängig ist. Eine kritische Wissenschaft (nicht im Sinne einer neomarxistischen, sondern im Sinne einer Wissenschaft, die bereit ist, bisherige wissenschaftliche Erkenntnisse kritisch zu überprüfen) wie auch eine repräsentative Demokratie fasst er als „Voraussetzungen des Fortschritts [für] die Welt der Freiheit und damit das Ziel selbst, um dessentwillen wir Wissenschaft und Politik betreiben". Dem ist nichts mehr hinzuzufügen.

Ein Begriff von Freiheit, der gemäß Dahrendorf (1980a, S. 15) zeitgemäß ist, fasst wesentliche Aspekte seines sozialwissenschaftlichen und politisch-philosophischen Denkens zusammen: Freiheit ist „die Politik des geregelten Konflikts und die Sozialökonomik der Maximierung individueller Lebenschancen". Entsprechend des Dahrendorfschen Verständnisses von Liberalismus wird deutlich, dass sich dieser „nicht auf den Wirtschaftsliberalismus reduzieren lässt, bzw. dass der Wirtschaftsliberalismus nur eine höchst verkümmerte Variante des Liberalismus darstellt" (Alber 2010, S. 24). Entsprechend der Fokussierung seines Freiheitsbegriffs auf die Maximierung von Lebenschancen, gilt für Dahrendorf auch das Wirtschaftswachstum nicht als Patentrezept zur Lösung sozialer Probleme, auch weil sich die Beschäftigungsentwicklung von der Wirtschaftsentwicklung abgelöst habe (vgl. Alber 2010). In diesem Kontext kann auch von einem neuen Klassenkonflikt gesprochen werden. Eine ‚Mehrheitsklasse' sei in den wohlhabenden Ländern des Westens „im doppelten Sinn auf ausgrenzende Privilegiensicherung bedacht" (Alber 2010, S. 24). Diese Sicherung richte sich einerseits gegen die ‚Unterklasse', gebildet aus Dauerarbeitslosen und Nicht-Beschäftigungsfähigen, andererseits gegen Zuwanderer aus anderen Kulturkreisen: „[W]o für Inklusion zu sorgen wäre, werde zunehmend Exklusion betrieben" (Alber 2010, S. 24) – eine Diagnose, die angesichts des Umgangs mit Flüchtlingen in der westlichen Welt an Aktualität kaum zu übertreffen sein dürfte. In Anbetracht der Konflikte in der sich multikulturalisierenden Gesellschaft kann die Antwort nicht die Verringerung der Vielfalt sein, denn Vielfalt bedingt Fortschritt (z. B. Dahrendorf 2004), sondern die Regelung der Konflikte, die darin besteht, die Lebenschancen jener – Einhei- mischer wie Zugewanderter – zu erhöhen, die um schlecht bezahlte, prekäre Jobs konkurrieren. Der Schlüssel hierzu ist letztlich Bildung, eine Bildung, die als Bür- gerrecht verstanden wird. Ein Bürgerrecht, das auch mehr als 50 Jahre nach sei- ner Formulierung im Bildungssystem der Bundesrepublik nicht eingelöst ist. Noch heute bleibt vielen Menschen „eine effektive Teilhabe versagt" (Hartung 2015, S. 1) ebenso wie die Bildungsrhetorik in Deutschland apokalyptisch bleibt und Hunderttausende Flüchtlinge in Bildung und Alltag drängen, sodass „eine aktive Bildungspolitik unerlässlich ist" (Hartung 2015, S. 1). Der Schlüssel zu einer akti- ven Wahrnehmung von Lebenschancen ist aber auch ein angemessenes (dies ist eine politische und keine ökonomische Definition) Grundeinkommen, also ein all- gemeines Bürgergeld (Dahrendorf 1986b), „das bedingungsfrei, also frei von kon- trollierenden Auflagen, jedermann vom Staat zur Verfügung gestellt werden sollte" (Alber 2010, S. 25). Den Grund für dieses Konzept sieht Dahrendorf (1986b) in der Entkoppelung von Arbeit und Einkommen, dem Übergang von der Arbeits- zur ‚Tätigkeitsgesellschaft', in der Menschen auch für Leistungen entlohnt werden müssten, die nicht an Märkten gehandelt würden. Der Wandel zur ‚Tätigkeitsge- sellschaft' geht für ihn aber noch weiter: Nicht die weitere Ausdehnung der selbst- bestimmten Tätigkeit gegenüber der nicht selbstbestimmten Arbeit sei das Ziel, sondern Arbeit in Tätigkeit zu verwandeln (vgl. auch Gratzel 1990). In diesen Punkten zeigt sich, dass Dahrendorf deutlich über das Denken der Ordoliberalen hinausgeht, denn es geht ihm nicht „um eine Rote-Kreuz-Station hinter der Front des Kapitalismus, es geht ihm vielmehr um die Schaffung eines ‚Bürgerrechtes auf Teilnahme am Markt' für alle" (Gratzel 1990, S. 14). Für Dahrendorf geht die Schaffung von Anrechten auf die Entwicklung einer durch Freiheit geprägten gesellschaftlichen Solidarität voraus, dies sei – so Gratzel (1990, S. 14) weiter – „ein zentraler Gedankengang im Dahrendorfschen Gesamtwerk". Dabei gelte es für Liberale – so Dahrendorf (1994b, S. 176) – sich vor zwei Extremen in acht zu nehmen: „der Skylla eines eher konservativen Bestehens auf unantastbaren Ins- titutionen, und der Charybdis eines ganz hemmungslosen Reformismus, dem am Ende alle Verlässlichkeit zum Opfer fällt", sämtliche Ligaturen würden durch ihn zerstört. Freiheit wird allerdings nicht allein von nicht gewährten Lebenschancen bedroht, sondern auch von einer immer weiter um sich greifenden Bürokratisierung der Gesellschaft und einer Politik, die sich in ,alternativlosen Sachzwängen' routiniert hat – eine Feststellung, die vor nahezu einem halben Jahrhundert getroffen wurde (1972) und die eindrucksvoll den Zustand des aktuellen gesellschaftlichen und politischen veränderungsfeindlichen Status quo der Bundesrepublik beschreibt. Ähnlich aktuell erscheint auch die zu jener Zeit entwickelte Kritik der europäischen Institution, der Arroganz und Bürgerferne einer nur unzureichend legislativ kontrollierten Bürokratie.

Eine große Aktualität hat die Trennung von ,Verfassungspolitik' und ,normaler Politik' in der politischen, auch öffentlichen Diskussion. Themen der ersten sollten in der politischen Diskussion mit größter Vorsicht behandelt werden. Die Tendenz in weiten Teilen der Gesellschaft – insbesondere an den gar nicht so kleinen Rändern des politischen Spektrums, links wie rechts, im Gefolge normalpolitischer Ereignisse wie der Aufnahme von Flüchtlingen, der Herausforderung des islamistischen Terrors, dem Zuzug Besserverdienender in Innenstädte u. v. m. –, die freiheitlich-demokratisch-marktwirtschaftliche Grundordnung einschränken zu wollen, (durch das Abweisen von Flüchtlingen, Ermöglichung weitgehender geheimdienstlicher Aktionen im eigenen Land, Eingriffe in die Eigentumsordnung), ist nicht hinnehmbar. Entsprechend seiner kritischen Diagnose für die dauerhafte Aufrechterhaltung autokratischer bzw. totalitärer Strukturen fällt seine Einschätzung bezüglich einer ,islamischen Wiedergeburt' auch zurückhaltend aus. Sie beruhe auf einem „doppelten Scheitern, nämlich dem Verlust traditioneller Werte angesichts des westlichen Kulturimperialismus bei gleichzeitiger Unfähigkeit, mit dem Westen wirtschaftlich und politisch erfolgreich zu konkurrieren. Eine solche Position kann nicht obsiegen" (Dahrendorf 2008, S. 214).

Im Kontext der ,Verfassungspolitik' sieht Dahrendorf (2004, S. 86) auch die Bürger in der Pflicht, „die nicht verängstigt, sondern bereit sind, aufzustehen und zu kämpfen, wenn fundamentale Werte bedroht sind". So zeigt sich, dass seine gesellschaftspolitische Kernfrage um das Verhältnis von Gleichheit und Freiheit, angesichts der Expansion neomarxistischer Positionen (wie sie sich beispielsweise auch in der Bewegung eines ,Rechtes auf Stadt' äußern), alles andere als entschieden ist: Drohen doch fundamentale Freiheitsrechte (wie das Recht auf Privatheit, z. B. durch staatliche Spionagesoftware) dem Druck eines moralisierenden ,außengeleiteten Menschen' (Riesman 1950) nachzugeben. Doch nicht allein einem utopischen Sozialismus erteilt Dahrendorf eine Absage, sondern auch die „Annahmen der Welt von gestern helfen uns nicht weiter bei der Bewältigung der Probleme von morgen. Morgen ist nicht die Fortsetzung

von gestern. Morgen ist auch nicht das Gegenteil, schon gar nicht die Rückkehr zu einem aufgemöbelten Vorgestern. Morgen wird anders sein" (Dahrendorf 1983a, S. 16). Sowohl die eine wie auch die andere utopistische Position
des ‚Aufgehens des Menschen in der Gemeinschaft' raubt diesem individuelle
Lebenschancen, denn „[i]mmer steckt in einer solchen Ideologie der endgültigen Aufhebung aller Uneinigkeit und aller Konflikte in einer idealen Zukunft der
Ordnung und des Friedens" (Dahrendorf 1961, S. 282) eine Einschränkung der
Vielfalt und Freiheit. In Abgrenzung zum affirmativen Gemeinschaftsverständ-
nis im Gefolge von Ferdinand Tönnies stellt Dahrendorf (1965c, S. 154) fest:
„Denn mit Vertrag und Ungleichheit, Staat und Konflikt ist in der Gemeinschaft
auch die Geschichte außer Kraft gesetzt. Nur lässt sich die Geschichte nicht
gerne wegdekretieren". Dass die von ihm eingenommene utopiekritische Posi-
tion nicht besonders populär ist, stellt er bereits Ende der 1980er Jahre fest: „Die
Geschichte ist im Großen und Ganzen nicht sehr freundlich mit denen, die die
Notwendigkeit des Wandels erkennen" (Dahrendorf 1987, S. 108). Seitdem ist
der Wandel (es sei denn, er spielt sich in der individuellen und gesellschaftlichen
Komfortzone ab, wie bei der Nutzung von Smartphones und dem Streaming von
Serien) nicht populärer geworden: Freihandelsabkommen werden in vorgetra-
gener Sorge um die heimische Landwirtschaft, der Ausbau erneuerbarer Energien aufgrund des ‚Schutzes der heimischen Kulturlandschaft' und der Zuzug
von Personen mit einer höheren Ausstattung ‚symbolischen Kapitals' (Bourdieu
1987[1979]) in innerstädtischen Bereichen boykottiert. Angesichts der Konjunk-
tur solcher neomarxistischen Positionen in den Sozial- und Raumwissenschaf-
ten hat sich das Urteil Dahrendorfs, das Ende des Marxismus sei eingetreten, als
voreilig erwiesen. Der Sozialismus als „eine intellektuelle Erfindung, von Saint-
Simon bis Lasalle, von Marx bis Gramsci und weiter durch die Hunderte von
Seitenarmen des Marxismus" (Dahrendorf 1992, S. 88), sind keineswegs „nun-
mehr alle in den Rieselfeldern der auslaufenden Geschichte" (Dahrendorf 1992,
S. 89), sondern feiern fröhliche Wiedergeburten in Kapitalismuskritik, Neolibe-
ralismuskritik, Globalisierungskritik, Freihandelskritik etc. Diese Gegnerschaft
zu aktuellen Verhältnissen bleibt jedoch letztlich im Stadium der Kritik stecken,
da der realexistierende Sozialismus dem (Neo-)Marxismus die utopische Kraft
geraubt hat. An deren Stelle ist der „Traum eines ‚eigentlichen' Sozialismus"
(Dahrendorf 1992, S. 90) gerückt, dessen Anhänger „vom ‚Sozialismus mit
menschlichem Gesicht'" (Dahrendorf 1992, S. 90) sprächen, Ideen, die Dahrendorf (1992) mit Hinweis auf den früheren sozialdemokratischen schwedischen
Finanzminister Kjell-Olof Feldt ablehnt. Sobald einer Sache erst ein ‚menschli-
ches Gesicht' gegeben werden müsse, sei diese besonders kritisch zu hinterfragen. Gerade in den aktuellen (An)Rechtsdiskussionen in räumlichen Kontexten

erhalten die Überlegungen von Ralf Dahrendorf zu Anrechten und Lebenschancen große Aktualität. Die ‚Recht auf Stadt'-Bewegung (siehe unter vielen Harvey 2013) richtet sich implizit (teils explizit), in der Reklamation ihres normativen Stadtverständnisses (insbesondere in der Ablehnung des Privaten in der Stadt), gegen alle von ihnen so verstandenen nicht öffentlichen Interessen in der Stadt: Konsum, Touristen, Eigentumswohnungserwerber, Immobilienbaugesellschaften etc. Sie beschneidet also mit der Reklamation ihres Anrechtes die Lebenschancen der anderen, die ihrem normativ-kommunitaristischen Lebensmodell nicht folgen wollen (vgl. Kühne 2001; Kühne et al. 2017). So bleibt auch die, in der Mitte der 1960er Jahre gestellte (Dahrendorf 1965c) und dann immer weiter verfeinerte Diagnose (z. B. Dahrendorf 2005) der doppelten Bedrohung der liberalen Grundordnung (hier am Beispiel Deutschlands) aktuell. Diese wird einerseits durch die ökonomisch und politisch Ausgeschlossenen, andererseits durch die ‚Selbstentmündigung' als Reaktion auf die zunehmende Komplexität der Welt vollzogen. Gerade in einem solchen Zusammenhang, „werden die Forderung nach Freiheit und die Kritik an ihren vielen Behinderungen, die sich in der politischen Organisation, der dominanten Mentalität und der gesellschaftlichen Praxis breitgemacht haben, erneut aktuell" (Kocka 2004, S. 158). Gerade der Lebenschancen-Ansatz macht das Werk von Ralf Dahrendorf anschlussfähig an Diskussionen, die klassisch-liberale oder wirtschaftsliberale Ansätze ablehnen. Insbesondere durch die Kritik des ‚Pump-' bzw. ‚Turbokapitalismus', der die Wirtschaftskrise der späten 00er Jahre verursacht habe, in Kombination mit seinem ‚Lebensprojekt', dem ‚Bürgerrecht auf Bildung', seinen Überlegungen zur individuellen Gestaltung von Arbeitszeiten, der Bürgergesellschaft etc. wird sein Werk anschlussfähig an die aktuellen Diskussionen um die Postwachstumsgesellschaft (obwohl Dahrendorf häufig, z. B. 1980c, Wachstum als wünschenswert charakterisierte).

Auch bleibt das Modell einer Dahrendorfschen liberalen Gesellschaft heute aktuell: „eine reiche und vielfältige Bürgergesellschaft in einer schlanken und wirksamen Staatsverfassung" (Dahrendorf 1994b, S. 260). Wenige, aber nachvollziehbare und durchgesetzte Regelungen dienen entsprechend auch der Legitimität staatlicher Existenz mehr, als eine Vielzahl – teilweise inkommensurabler und von niemandem überschaubarer – rechtlicher Regelungen, die von großen Teilen der Bürgerschaft ignoriert werden, ob aus Anomie, aus Unkenntnis oder aus ‚zivilem Ungehorsam'. Damit erklärte er Bürgerbewegungen und nicht staatliche Organisationen zu Hoffnungsträgern, nicht nur für Menschenrechte und den Zustand der Umwelt, sondern allgemein für die Gesellschaft. Wie jedoch die durch die bürgerliche Mittelschicht zivilgesellschaftlichen Aktivitäten nicht zu sozialen Verhärtungen beitragen, bzw. sozialen Konflikten ähnlich erfolgreich den Stachel nehmen könnte wie der Sozialstaat, zu dem Dahrendorf sein Verhältnis nie eindeutig geklärt hat, blieb allerdings offen. Vielleicht hätte die Skepsis, die der Autor in seinem Frühwerk gegenüber der ärgerlichen Tatsache der Gesellschaft bekundete, den vielleicht etwas übertriebenen Optimismus bezüglich des Bürgerengagements in seinem Spätwerk ein wenig moderieren können (Alber 2010, S. 28).

Diese Bürgergesellschaft ist keinesfalls eine Rückkehr zu vormodernen Strukturen mit der Subsistenz auf dem eigenen Grund, sondern eine Gesellschaft, „in der Menschen nicht mehr in kleine Kästchen sortiert, mit ausschließlichen und verfestigten sozialen Identitäten ausgestattet werden, sondern in Umständen leben, die Möglichkeiten der Wahl und des Wechsels, also Freiheit[,] bieten" (Dahrendorf 1980a, S. 91). Diese Möglichkeiten des Wandels bezieht er ausdrücklich auf den Kontext des Berufes: „[I]ch sehe keinen Grund, warum Menschen nicht neben ihrem ersten noch einen zweiten Beruf haben sollten" (Dahrendorf 1980a, S. 96). Dies kann sowohl seriell (also mehrere Berufe hintereinander) als auch parallel (mehrere Berufe gleichzeitig) gelten, Entwicklungen die heute nahezu alltäglich sind – aber wiederum durch bildungsbürokratische Hürden behindert werden: Welche Lebenschancen könnten nicht eröffnet werden, wenn (bei uns staatliche) Universitäten sich nicht den Möglichkeiten von berufsbegleitenden Studiengängen (insbesondere im Master-, aber auch im Bachelorbereich) mittels elektronischer Lern/Lehrverfahren enthalten würden? So werden Menschen systematisch daran gehindert, sich zu bilden, „sich am Ende eines ermüdenden Arbeitstages in einem finsteren Büro" (Dahrendorf 1980a, S. 120) mit ästhetischen, sozialen, ethischen, künstlerischen etc. Fragen zu befassen. Sie werden aber auch daran gehindert „die Eintrittskarte zur nächsten Etage des großen sozialen Aufzugs, genannt Karriere, zu erwerben" (Dahrendorf 1980a, S. 120).

Nahezu tagesaktuell in der politischen Diskussion ist die Analyse Ralf Dahrendorfs bezüglich der gesellschaftlichen Entwicklungen in den Vereinigten Staaten. Vieles, was aus der Perspektive von Menschen, die in den Sozialstaaten Europas sozialisiert wurden, ungewohnt – und häufig auch unerwünscht – erscheint, wie die weit verbreitete Ablehnung des Konzeptes sozialer Anrechte im Besonderen und staatlicher Einflussnahme jenseits der inneren und äußeren Sicherheit (was sich z. B. in dem weit verbreiteten Widerstand gegen eine gesetzliche Krankenversicherung äußert), lässt sich aus der spezifischen Geschichte der Vereinigten Staaten und des sie rahmenden Ideensystems aus Aufklärung, Pragmatismus und Protestantismus wie auch Patriotismus, deuten. In diesem Kontext erhält ein Text von Dahrendorf zum Wahlsieg von George W. Bush über John Kerry aus dem Jahre 2004 eine besondere Aktualität: Demnach sei nicht die Frage entscheidend gewesen, wie mit dem Krieg im Irak zu verfahren sei, oder wie die wirtschaftliche Lage im Land sei, wahlentscheidend seien „die Werte [gewesen], an die die Kandidaten glauben!" (Dahrendorf 2010[2004b], S. 144), oder zumindest den Wahlberechtigten glauben machen, könnte angesichts der Präsidentschaftswahl in den USA 2016 angefügt werden. Eine solche Perspektive auf die Vereinigten Staaten erscheint sehr viel gegenstandsangemessener als moralische Urteile.

Quintessenz zu Kap. 10: Die Aktualität von Ralf Dahrendorf gründet sich darin, dass er zu zentralen Fragen der Gesellschaft der Gegenwart einerseits wesentliche Ansätze zu ihrem Verständnis entwickelt, andererseits auch selbst dazu Stellung bezogen hat. Sein Ansatz, Konflikte als normal und als Ressource für gesellschaftlichen Fortschritt zu begreifen, sofern sie einer geregelten Austragung unterliegen, könnte, angesichts einer weit verbreiteten Konsensnorm und einer ebenso verbreiteten Neigung, auf Maximalforderungen zu beharren, einen Ausgangspunkt für eine – einer ‚Bürgergesellschaft' angemessenen – neue Konfliktkultur bedeuten. Hier wird auch die Aktualität eines Gesellschaftsverständnisses deutlich: Gesellschaftliche Entwicklung hat nicht normativ einem utopischen Ziel zuzustreben, sondern stellt einen iterativen Suchprozess dar, in dem zahlreiche Regelungswege einer Abwägung unterzogen werden, um so die individuellen Lebenschancen in der Gesellschaft zu maximieren. Die Erweiterung dieser Lebenschancen bezieht sich auch auf die Frage der kritischen Haltung gegenüber gesellschaftlichen Rollenerwartungen und -zwängen. Gerade im Kontext der noch immer nicht erreichten Chancengerechtigkeit im Bildungswesen zeigt sich die Aktualität des normativen Lebenschancenansatzes, der seiner Forderung nach ‚Bildung als Bürgerrecht' zugrunde liegt.

Literatur

Publikationen von Ralf Dahrendorf

Dahrendorf, R. (1952). *Marx in Perspektive. Die Idee des Gerechten im Denken von Karl Marx.* Hannover.

Dahrendorf, R. (1957). *Soziale Klassen und Klassenkonflikt in der industriellen Gesellschaft.* Stuttgart.

Dahrendorf, R. (1958). Homo Sociologicus. Ein Versuch zur Geschichte, Bedeutung und Kritik der Kategorie der sozialen Rolle. *Kölner Zeitschrift für Soziologie und Sozialpsychologie:* 10 (2), 178–208. Köln.

Dahrendorf, R. (1959a). *Sozialstruktur des Betriebs. Betriebssoziologie.* Wiesbaden.

Dahrendorf, R. (1959b). *Class and Class Conflict in Industrial Society.* Stanford.

Dahrendorf, R. (1961). *Gesellschaft und Freiheit.* München.

Dahrendorf, R. (1963). *Die angewandte Aufklärung. Gesellschaft und Soziologie in Amerika.* München.

Dahrendorf, R. (1965a). *Industrie- und Betriebssoziologie.* Berlin.

Dahrendorf, R. (1965b). *Bildung ist Bürgerrecht: Plädoyer für eine aktive Bildungspolitik.* Bramsche. Osnabrück.

Dahrendorf, R. (1965c). *Gesellschaft und Demokratie in Deutschland.* München.

Dahrendorf, R. (1965d). *Arbeiterkinder an deutschen Universitäten.* Tübingen.

Dahrendorf, R. (1965e). *Das Mitbestimmungsproblem in der deutschen Sozialforschung. Eine Kritik.* München.

Dahrendorf, R. (1966). *Über den Ursprung der Ungleichheit unter den Menschen.* Tübingen.

Dahrendorf, R. (1967a). *Die Soziologie und der Soziologe.* Konstanz.

Dahrendorf, R. (1967b). *Neue Wege zur Hochschulreform. Differenzierte Gesamthochschule – autonome Universität.* Hamburg, Berlin.

Dahrendorf, R. (1968). *Pfade aus Utopia. Arbeiten zur Theorie und Methode der Soziologie.* München.

Dahrendorf, R. (1969). Aktive und passive Öffentlichkeit. Über Teilnahme und Initiative im politischen Prozess moderner Gesellschaften. In Löffler, M. (Hg.), *Das Publikum* (S. 8–12). München.

© Springer Fachmedien Wiesbaden GmbH 2017   127
O. Kühne, *Zur Aktualität von Ralf Dahrendorf,* Aktuelle
und klassische Sozial- und Kulturwissenschaftler|innen,
DOI 10.1007/978-3-658-17926-7

Dahrendorf, R. (1969[1958]). Zu einer Theorie des sozialen Konflikts. In W. Zapf (Hrsg.), *Theorien des sozialen Wandels* (S. 108–123). Köln.

Dahrendorf, R. (1971). *Die Idee des Gerechten im Denken von Karl Marx.* Hannover.

Dahrendorf, R. (1971[1958]). *Homo Sociologicus. Ein Versuch zur Geschichte, Bedeutung und Kritik der Kategorie der sozialen Rolle.* Opladen.

Dahrendorf, R. (1972). *Konflikt und Freiheit. Auf dem Weg zur Dienstklassengesellschaft.* München.

Dahrendorf, R. (1973). *Plädoyer für die Europäische Union.* München, Zürich.

Dahrendorf, R. (1974). Revolution der Gleichheit – Ende oder Beginn der Freiheit? In Körber, K. (Hrsg.), *Revolution der Gleichheit – Ende oder Beginn der Freiheit?* (S. 6-12). Hamburg.

Dahrendorf, R. (1978). Gesprächsbeiträge. In K. Körber (Hrsg.), *Terrorismus in der demokratischen Gesellschaft.* Hamburg.

Dahrendorf, R. (1979). *Lebenschancen. Anläufe zur sozialen und politischen Theorie.* Frankfurt am Main.

Dahrendorf, R. (1979[1971]). Frieden durch Politik. In Volksbund Deutsche Kriegsgräberfürsorge, Landesverband Baden-Württemberg (Hrsg.), *Rückblick. Für die Zukunft.* (S. 11–22). Konstanz.

Dahrendorf, R. (1980a). *Die neue Freiheit. Überleben und Gerechtigkeit in einer veränderten Welt.* Frankfurt a.M.

Dahrendorf, R. (1980b). Im Entschwinden der Arbeitsgesellschaft. Wandlungen in der sozialen Konstruktion des menschlichen Lebens. *Merkur* 34 (8), 749–760.

Dahrendorf, R. (1980c). *Der Liberalismus in Europa. Fragen von Vincenzo Ferrari.* München, Zürich.

Dahrendorf, R. (1981). Der Ausbau des Sozialstaates und das Dilemma des Staatshaushaltes – ein internationales Problem. In K. Körber (Hrsg.), *Der Ausbau des Sozialstaates und das Dilemma des Staatshaushaltes – ein internationales Problem* (S. 5–9). Hamburg.

Dahrendorf, R. (1983a). *Die Chancen der Krise. Über die Zukunft des Liberalismus.* Stuttgart.

Dahrendorf, R. (1983b). Gespräch mit Ralf Dahrendorf. In R. Dahrendorf, F. v. Hayek & F. Kreuzer, (Hrsg.): *Franz Kreuzer im Gespräch mit Friedrich von Hayek und Ralf Dahrendorf.* Wien.

Dahrendorf, R. (1984). *Reisen nach innen und außen. Aspekte der Zeit.* Stuttgart.

Dahrendorf, R. (1985). *Law and order.* London.

Dahrendorf, R. (1986a). The Europeanization of Europe. In A. Pierre (Ed.), *A widening Atlantic? Domestic change and foreign policy* (S. 5–56). New York.

Dahrendorf, R. (1986b). Ein garantiertes Mindesteinkommen als konstitutionelles Anrecht. In T. Schmid (Hrsg.), *Befreiung von falscher Arbeit* (S. 131–136). Berlin.

Dahrendorf, R. (1987). *Fragmente eines neuen Liberalismus.* Stuttgart.

Dahrendorf, R. (1989a). The future of Europe? In R. Dahrendorf, J. Hoskyns, V. Price, B. Roberts, G. Wood, E. Davis, L. Sealy (Ed.), *Whose Europe? Competing Visions for 1992* (S. 1–10).

Dahrendorf, R. (1989b). Einführung in die Soziologie. *Soziale Welt* 40(1/2), 2–10.

Dahrendorf, R. (1989c). Die gefährdete Civil Society. In K. Michalski (Hrsg.), *Europa und die Civil Society. Castelgandolfo-Gespräche 1989* (S. 247–263). Stuttgart.

Dahrendorf, R. (1991). Liberalism. In J. Eatwell (Hrsg.), *The new Palgrave. The World of Economics* (S. 385–389). London.

Dahrendorf, R. (1992). *Betrachtungen über die Revolutionen in Europa, in einem Brief, der an einen Herrn aus Warschau gerichtet ist.* Bergisch Gladbach.

Dahrendorf, R. (1993). *Wohin steuert Europa? Ein Streitgespräch. Ralf Dahrendorf, François Furet, Bronisław Geremek.* Frankfurt a.M., New York.

Dahrendorf, R. (1994a). *Liberale und andere. Portraits.* Stuttgart.

Dahrendorf, R. (1994b). *Der moderne soziale Konflikt. Essay zur Politik der Freiheit.* München.

Dahrendorf, R. (1994c). Die Zukunft des Nationalstaates. *Merkur* 48 (9/10), 751–761.

Dahrendorf, R. (1995a). *Europäisches Tagebuch.* Göttingen.

Dahrendorf, R. (1995b). *LSE. A History of the London School of Economics and Political Sciences.* Oxford.

Dahrendorf, R. (1997). *After 1989. Morals, Revolution and Civil Society.* Houndmills.

Dahrendorf, R. (2000a). Die globale Klasse und die neue Ungleichheit. *Merkur* 54, 1057–1068.

Dahrendorf, R. (2000b). *Universities after Communism.* Hamburg.

Dahrendorf, R. (2000c). *Liberal und unabhängig. Gerd Bucerius und seine Zeit.* München.

Dahrendorf, R. (2002a). *Über Grenzen. Lebenserinnerungen.* München.

Dahrendorf, R. (2003). *Die Krisen der Demokratie. Ein Gespräch mit Antonio Polito.* München.

Dahrendorf, R. (2004). *Der Wiederbeginn der Geschichte. Vom Fall der Mauer zum Krieg im Irak.* München.

Dahrendorf, R. (2005). *Engagierte Beobachter. Die Intellektuellen und die Versuchungen der Zeit.* Wien.

Dahrendorf, R. (2006). *Versuchungen der Unfreiheit: die Intellektuellen in Zeiten der Prüfung.* München.

Dahrendorf, R. (2007a). *Auf der Suche nach einer neuen Ordnung. Vorlesungen zur Politik der Freiheit im 21. Jahrhundert.* München.

Dahrendorf, R. (2007b). Freiheit – eine Definition. In U. Ackermann (Hrsg.), *Welche Freiheit. Plädoyes für eine offene Gesellschaft* (S. 26–39). Berlin.

Dahrendorf, R. (2008). *Die Versuchungen der Unfreiheit. Die Intellektuellen in Zeiten der Prüfung.* München.

Dahrendorf, R. (2009a). Nach der Krise zurück zur protestantischen Ethik? Sechs Anmerkungen. *Merkur* 63, 373–381.

Dahrendorf, R. (2009b). Die Derivatisierung der Welt und ihre Folgen. Ein Gespräch mit Ralf Dahrendorf zum 80. Geburtstag. In *Leviathan*, 37(2), 177–186.

Dahrendorf, R. (2009c). Marktwirtschaft, Kapitalismus, Krise. Was nun? In J. Rüttgers (Hrsg.): *Wer zahlt die Zeche? Wege aus der Krise* (S. 23–28). Essen.

Dahrendorf, R. (2010[2004a]). Die Beschwörung von Volksbefragungen heißt, dass sich die Parteien vor ihrer Arbeit drücken. In T. Hauser & C. Hodeige (Hrsg.), *Der Zeitungsmensch. Auf den Spuren von Ralf Dahrendorf in Südbaden* (S. 196–197). Freiburg i.Br., Berlin, Wien.

Dahrendorf, R. (2010[2004a]). Demokratie schafft politische Wahlmöglichkeiten, aber nicht zwingend Wohlstand. In T. Hauser & C. Hodeige (Hrsg.), *Der Zeitungsmensch. Auf den Spuren von Ralf Dahrendorf in Südbaden* (S. 148–149). Freiburg i.Br., Berlin, Wien.

Dahrendorf, R. (2010[2004b]). Die Amerikaner haben nicht Bush gewählt, sondern die Werte, an die er glaubt. In T. Hauser & C. Hodeige (Hrsg.), *Der Zeitungsmensch. Auf den Spuren von Ralf Dahrendorf in Südbaden* (S. 144–145). Freiburg i.Br., Berlin, Wien.

Dahrendorf, R. (2010[2004c]). Elite statt Elfenbeinturm. Attraktive, leistungsstarke Hochschulen sind nicht allein eine Frage des Geldes. In T. Hauser & C. Hodeige (Hrsg.), *Der Zeitungsmensch. Auf den Spuren von Ralf Dahrendorf in Südbaden* (S. 160–161). Freiburg i.Br., Berlin, Wien.

Dahrendorf, R. (2010[2005]). Wer Schwarzarbeit bekämpfen will, sollte fragen, warum sie so verbreitet ist. In T. Hauser & C. Hodeige (Hrsg.), *Der Zeitungsmensch. Auf den Spuren von Ralf Dahrendorf in Südbaden* (S. 128–129). Freiburg i.Br., Berlin, Wien.

Dahrendorf, R. (2010[2006]). Bürgerrechte privatisieren? Der Staat muss Mindeststandards garantieren, aber viele Wahlchancen eröffnen. In T. Hauser & C. Hodeige (Hrsg.), *Der Zeitungsmensch. Auf den Spuren von Ralf Dahrendorf in Südbaden* (S. 114–115). Freiburg i.Br., Berlin, Wien.

Weiterführende Literatur

Abrams, R. E. (2004). *Landscape and Ideology in American Renaissance Literature. Topographics of Skepticism.* Cambridge.

Ackermann, U. (2016). Ralf Dahrendorf: Gesellschaft und Freiheit. Zur soziologischen Analyse der Gegenwart. München. 1961. In S. Salzborn (Hrsg.), *Klassiker der Sozialwissenschaften* (S. 217–220). Wiesbaden.

Alber, J. (2010). Der Soziologe als Hofnarr – zur politischen und soziologischen Aktualität des Denkens von Ralf Dahrendorf. *Leviathan* 38: 23–29.

Ash, T. G. (1990). *Ein Jahrhundert wird abgewählt.* München, Wien.

Badura, B. (1994). Von der ‚ärgerlichen Tatsache‘ der Gesellschaft. In H. Peisert & W. Zapf (Hrsg.), *Gesellschaft, Demokratie und Lebenschancen* (S. 43–58). Stuttgart.

Beck, U. (1986): *Risikogesellschaft. Auf dem Weg in eine andere Moderne.* Frankfurt am Main.

Berlin, I. (1995[1969]): *Freiheit. Vier Versuche.* Frankfurt a.M.

Bonacker, T. (1996). *Konflikttheorien. Eine sozialwissenschaftliche Einführung mit Quellen.* Opladen.

Bourdieu, P. (1987[1979]). *Die feinen Unterschiede. Kritik der gesellschaftlichen Urteilskraft.* Frankfurt a. M.

Chilla, T., Kühne, O., Weber, F., & Weber, F. (2015). ‚Neopragmatische ‘Argumente zur Vereinbarkeit von konzeptioneller Diskussion und Praxis der Regionalentwicklung. In O. Kühne & F. Weber (Hrsg.), *Bausteine der Regionalentwicklung* (S. 13–24). Wiesbaden.

Crouch, C. (2004). *Post-democracy.* Cambridge.

Dreyer, W. (1989). *Soziologie im kulturwissenschaftlichen Kontext.* Tübingen.

Freeman, S. (2007). *Rawls.* London.

Fukuyama, F. (2000). The End of History? Globalization and the Challenges of a New Century. In P. O'Meara, H.D. Mehlinger & M. Krain (Hrsg.), *Globalization and the Challenges of a New Century. A Reader* (S.161–180). Bloomington, Indianapolis.

Gerhardt, U. (1994): Rollenbegriff und Gesellschaftsanalyse. Die endliche und unendliche Geschichte des 'Homo Sociologicus". In H. Peisert & W. Zapf (Hrsg.), *Gesellschaft, Demokratie und Lebenschancen* (S. 59–76). Stuttgart.

Giesen, B. (1993). Die Konflikttheorie. In G. Endruweit (Hrsg.): *Moderne Theorien der Soziologie. Struktuell-funktionale Theorie, Konflikttheorie, Verhaltenstheorie* (S. 87–124). Stuttgart.

Goffman, E. (2002[1959]). *The presentation of self in everyday life.* Garden City. New York.

Gratzel, G. (1990). Freiheit, Konflikt und Wandel. Bemerkungen zum Liberalismus-Verständnis bei Ralf Dahrendorf. In Friedrich-Naumann-Stiftung (Hrsg.), *Jahrbuch zur Liberalismus-Forschung* (S. 11–45). 2. Jahrgang. Baden-Baden.

Habermas, J. (1962). *Der Strukturwandel der Öffentlichkeit.* Neuwied.

Hartung, M. (2015). Er hatte recht. Zeit Online. http://www.zeit.de/2015/46/ralf-dahrendorf-streitschrift-bildung-buergerrecht-aktualitaet (letzter Zugriff: 16.06.2016)

Harvey, D. (2005). *A brief history of neoliberalism.* Oxford.

Harvey, D. (2013). *Rebellische Städte. Vom Recht auf Stadt zur urbanen Revolution.* Berlin.

Hauser, T. (2010). Global Denker. Von einem, der auszog, alles Mögliche zu werden. In T. Hauser & C. Hodeige (Hrsg.), *Der Zeitungsmensch. Auf den Spuren von Ralf Dahrendorf in Südbaden* (S. 9–14). Freiburg i.Br., Berlin, Wien.

Herzog, L. (2013). *Freiheit gehört nicht nur den Reichen. Plädoyer für einen zeitgemäßen Liberalismus.* München.

Hesse, M. (2008). Resilient Suburbs? Ungleiche Entwicklungsdynamiken suburbaner Räume in Nordamerika im Zeichen der Kreditkrise. *Geographische Zeitschrift* 96 (4), 228–249.

Honneth, A. (2015). *Die Idee des Sozialismus. Versuch einer Aktualisierung.* Berlin.

Kersting, W. (2009). *Verteidigung des Liberalismus.* Hamburg.

Knoll, J. H. (1981). Liberalismus. In J.H. Schoeps, J. H. Knoll & C. E. Barsch (Hrsg.), *Konservatismus, Liberalismus. Sozialismus, Einführung, Texte, Bibliographien* (S. 87–139). München.

Kocka, J. (2004). Dahrendorf in Perspektive. *Soziologische Revue* 27, 151–158.

Kocka, J. (2009). Ralf Dahrendorf in historischer Perspektive. Aus Anlass seines Todes am 17. Juni 2009. *Geschichte und Gesellschaft* 35, 346–352.

Kühne, O. (2001). Transformation und kybernetische Systemtheorie. Kybernetisch-systemtheoretische Erklärungsansätze für den Transformationsprozeß in Ostmittel- und Osteuropa. *Osteuropa* 51 (2), 148–170.

Kühne, O. (2002). Ökologie und Ökonomie in Ostmitteleuropa – sozialistisches Erbe und Systemtransformation. *Zeitschrift für Wirtschaftsgeographie* 46 (2), 73–91.

Kühne, O. (2003). Transformation und Umwelt. Eine kybernetisch-systemtheoretische Analyse. *Mainzer Geographische Studien* 51. Mainz.

Kühne, O. (2008). *Distinktion – Macht – Landschaft. Zur sozialen Definition von Landschaft.* Wiesbaden.

Kühne, O. (2011). Die Konstruktion von Landschaft aus Perspektive des politischen Liberalismus. Zusammenhänge zwischen politischen Theorien und Umgang mit Landschaft. *Naturschutz und Landschaftsplanung*, 43(6), 171–176.

Kühne, O. (2012). *Stadt – Landschaft – Hybridität. Ästhetische Bezüge im postmodernen Los Angeles mit seinen modernen Persistenzen.* Wiesbaden.

Kühne, O. (2015). Weltanschauungen in regionalentwickelndem Handeln – die Beispiele liberaler und konservativer Ideensysteme. In O. Kühne & F. Weber (Hrsg.), *Bausteine der Regionalentwicklung* (S. 55–69). Wiesbaden.

Kühne, O., & Meyer, W. (2015). Gerechte Grenzen? Zur territorialen Steuerung von Nachhaltigkeit. In O. Kühne & F. Weber (Hrsg.), *Bausteine der Regionalentwicklung* (S. 25–40). Wiesbaden.

Kühne, O., Moning, C. & Einberger, K. (2017). *Freiheit und Raum – Perspektiven einer auf Maximierung von Lebenschancen gerichteten Raumentwicklung.* Wiesbaden. (in Druckvorbereitung)

Kühne, O. /Schönwald, A. (2015). *San Diego – Eigenlogiken, Widersprüche und Entwicklungen in und von 'America's finest city'.* Wiesbaden.

Kühne, O., Schönwald, A., & Weber, F. (2015). Die Ästhetik von Stadtlandhybriden: URFSURBS (Urbanizing former suburbs) in Südkalifornien und im Großraum Paris. In O. Kühne, H. Megerle & F. Weber (Hrsg.), *Landschaftsästhetik und Landschaftswandel* (S. 177–197). Wiesbaden.

Lamla, J. (2005). Die Konflikttheorie als Gesellschaftstheorie. In T. Bonacker (Hrsg.), *Sozialwissenschaftliche Konflikttheorien* (S. 207–229). Wiesbaden.

Leibenath, M., & Otto, A. (2013). Windräder in Wolfhagen – eine Fallstudie zur diskursiven Konstituierung von Landschaften. In M. Leibenath, S. Heiland, H. Kilper & S. Tzschaschel (Hrsg.), *Wie werden Landschaften gemacht? Sozialwissenschaftliche Perspektiven auf die Konstituierung von Kulturlandschaften* (S. 205–236). Bielefeld.

Leipertz, H. (2002). *Das 'Prinzip' der Gerechtigkeit in den gesellschaftswissenschaftlichen Ansätzen Dahrendorfs und Habermas': Zur Diskussion der Leitkultur und Zivilkultur.* Aachen.

Linden, M. (2016). Beziehungsgleichheit als Anspruch und Problem politischer Partizipation. *Zeitschrift für Politikwissenschaft* (2016) 26, 173–195.

Lindner, C. (2009). Freiheit und Fairness. In Ph. Rösler & Ch. Lindner (Hrsg.), *Freiheit: gefühlt – gedacht – gelebt. Liberale Beiträge zu einer Wertediskussion* (S. 17–28). Wiesbaden.

Mackert, J. (2010). Opportunitätsstrukturen und Lebenschancen. *Berliner Journal für Soziologie* 20, 401–420.

Mans, D. (2013). Adorno und Dahrendorf oder die vergebliche Suche nach den Elementarteilchen der Gesellschaft. In Müller (Hrsg.), *Jenseits der Dichotomie* (S. 133–155). Wiesbaden.

Mattick, P. (2002). Class, Capital and Crisis. In M. Campbell et al. (Hrsg.), *The Culmination of Capital.* New York (S. 16–41).

Matys, T., & Brüsemeister, T. (2012). Gesellschaftliche Universalien vs. bürgerliche Freiheit des Einzelnen – Macht, Herrschaft und Konflikt bei Ralf Dahrendorf. In P. Imbusch (Hrsg.), *Macht und Herrschaft. Sozialwissenschaftliche Theorien und Konzeptionen* (S. 195–216). Wiesbaden.

Mayo, E. (1948). *The Human Problems of an Industrial Society.* Boston.

Mead, L. (1986). *Beyond Entitlement. The Social Obligation of Citizenship.* New York.

Meifort, F. (2014a). Liberalisierung der Gesellschaft durch Bildungsreform: Ralf Dahrendorf zwischen Wissenschaft und Öffentlichkeit in den 1960er Jahren. In S. Brandt et al. (Hrsg.), *Universität, Wissenschaft und Öffentlichkeit in Westdeutschland.* (S. 141–160). Stuttgart.

Meifort, F. (2014b). Der Wunsch nach Wirkung. Ralf Dahrendorf als intellektueller Grenzgänger zwischen Bundesrepublik und Großbritannien 1964-1984. In *Geschichte in Wissenschaft und Unterricht* 65 (3/4), 196–215.

Meifort, F. (2015). Der Nachlass Dahrendorf im Bundesarchiv. Vermächtnis eines öffentlichen Intellektuellen. In Friedrich-Naumann-Stiftung (Hrsg.), *Jahrbuch zur Liberalismus-Forschung*. (S: 301–314). Baden-Baden.

Merton, R. (1957). *Social Theory and Social Structure*. Glencoe.

Mey, H. (1994). Zur Soziologie gesellschaftlicher Entwicklungen und Dahrendorfs Herrschaft-Widerstands-Modell. In H. Peisert & W. Zapf (Hrsg.), *Gesellschaft, Demokratie und Lebenschancen*. (S. 93–114). Stuttgart.

Mey, H. (2000). Ralf Dahrendorf – Class and Class Conflict in Industrial Society. In D. Kaesler & L. Vogt (Hrsg.), *Hauptwerke der Soziologie*. (S.83–86). Stuttgart.

Micus, M. (2009). Ralf Dahrendorf – Scheitern eines Experiments. In R. Lorenz & M. Micus (Hrsg.), *Seiteneinsteiger. Unkonventionelle Politiker-Karrieren in der Parteiendemokratie* (S. 32–60). Wiesbaden.

Münch, R. (2004). *Soziologische Theorie. Band 3: Gesellschaftstheorie (Vol. 3)*. Frankfurt a.M. & New York.

Neuhäuser, C. (2013). *Amartya Sen zur Einführung*. Hamburg.

Niedenzu, H. (2001). Konflikttheorien: Ralf Dahrendorf. In J. Morel, E. Bauer, T. Maleghy, H. Niedenzu, M. Preglau & H. Staubmann (Hrsg.): *Soziologische Theorie. Abriß ihrer Hauptvertreter*. München, Wien.

Nollmann, G. (1997): Konflikte in Interaktion, Gruppe und Organisation. Zur Konfliktsoziologie der modernen Gesellschaft. Opladen.

Nowotny, H. (2005). Experten, Expertisen und imaginierte Laien. In A. Bogner, & H. Torgersen (Hrsg.), *Wozu Experten? Ambivalenzen der Beziehung von Wissenschaft und Politik* (S. 33–44). Wiesbaden.

Nussbaum, M. (2014). *Die Grenzen der Gerechtigkeit. Behinderung, Nationalität und Spezieszugehörigkeit*. Berlin.

Parsons, T. (1951).*The Social System*. Glencoe.

Peisert, H. (1994). Wanderungen zwischen Wissenschaft und Politik. Biographische Notizen über R.D. In H. Peisert & W. Zapf (Hrsg.), *Gesellschaft, Demokratie und Lebenschancen* (S: 3–42). Stuttgart.

Popper, K. (1959). *The Logic of Scientific Discovery*. New York.

Rawls, J. (1971). *A Theory of Justice*. Cambridge.

Rawls, J. (1975). *Eine Theorie der Gerechtigkeit*. Frankfurt a. M.

Rawls, J. (2003). *Politischer Liberalismus*. Frankfurt a. M.

Riesman, D. (1950). *The Lonely Crowd*. New Haven.

Schaal, G. S./Heidenreich, F. (2006). *Einführung in die Politischen Theorien der Moderne*. Opladen, Farmington Falls.

Schneider-Sliwa, R. (2005). *USA*. Darmstadt.

Schrape, K. (1978). Theorien normativer Strukturen und ihres Wandels: Zur Rekonstruktion und Kritik der Theorien von Talcott Parsons, Ralf Dahrendorf und Niklas Luhmann. Social Strategies Publishing Company-operative Soc. c/o *Soziologisches Seminar der Universität Basel*.

Sen, A. (2012). *Die Idee der Gerechtigkeit*. München.

Sofsky, W. (2007). Das Prinzip Freiheit. In U. Ackermann (Hrsg.), *Welche Freiheit. Plädoyers für eine offene Gesellschaft* (S.40–61). Berlin.

Straßenberger, G. (2006). *Die politische Theorie des Neoaristotelismus: Martha Craven Nussbaum. Politische Theorien der Gegenwart II*. Opladen, Farmington Hills.

Strasser, H. / Nollmann, G. (2010). Ralf Dahrendorf. Grenzgänger zwischen Wissenschaft und Politik. *Soziologie heute. Das erste populärwissenschaftliche Fachmagazin für Soziologie im deutschsprachigen Raum*, 32–35.

Tocqueville, A. de (1835/40). *De la démocratie en Amerique*. Paris, Paguerre.

Weber, F., & Kühne, O. (2016). Räume unter Strom. *Raumforschung und Raumordnung*, 74(4), 323–338.

Weber, F., Kühne, O., Jenal, C., Sanio, T., Langer, K., & Igel, M. (2016). *Analyse des öffentlichen Diskurses zu gesundheitlichen Auswirkungen von Hochspannungsleitungen–Handlungsempfehlungen für die strahlenschutzbezogene Kommunikation beim Stromnetzausbau–Vorhaben 3614S80008*. https://doris.bfs.de/jspui/handle/urn:nbn :de:0221-2016050414038 *(letzter Zugriff am 17.02-2017)*

Weber, F., Roßmeier, A., Jenal, C., & Kühne, O. (2017). Landschaftswandel als Konflikt. In O. Kühne, H. Megerle, F. Weber (Hrsg.), *Landschaftsästhetik und Landschaftswandel* (S. 215–244). Wiesbaden.

Weber, M. (1972[1922]). *Wirtschaft und Gesellschaft*. Tübingen.

Weber, M. (2010 [1904/05]). *Die protestantische Ethik und der Geist des Kapitalismus*. München.

Wellisz, S. (1964). *The economies of the Soviet Bloc. A study of decision-making and resource allocation*. New York, San Francisco, Toronto, London.

The manufacturer's authorised representative in the EU is Springer
Nature Customer Service Centre GmbH, Europaplatz 3, 69115 Heidelberg,
Germany. If you have any concerns regarding our products, please
contact ProductSafety@springernature.com

Printed and bound by CPI Group (UK) Ltd, Croydon, CR0 4YY

23/04/2026

02095646-0003